# OSHO

**Osho** (1931-1990) ha sido descrito por el *Sunday Times* de Londres como «uno de los 1.000 artífices del siglo xx» y por el *Sunday Mid-Day* (India) como una de las diez personas (junto a Gandhi, Nehru y Buda) que ha cambiado el destino de la India. En una sociedad donde tantas visiones religiosas e ideológicas tradicionales parecen irremediablemente pasadas de moda, la singularidad de Osho consiste en que no nos ofrece soluciones, sino herramientas para que las personas las encuentren por sí mismas.

Para más información puede visitar la web www.osho.com

# OSHO

## ALEGRÍA

La felicidad que surge del interior

Traducción de
**Flora Casas**

DeBOLS!LLO

Título original: *Joy*
Diseño de la portada: Departamento de diseño de Random
   House Mondadori / Yolanda Artola
Ilustración de la portada: Getty Images

Segunda edición en DeBOLS!LLO: febrero, 2009

© 2005, Osho International Foundation. Todos los derechos
   reservados.
   Publicado por acuerdo con Osho International Foundation,
   Bahnhofstr., 52, 8001 Zúrich, Suiza
© 2005, Random House Mondadori, S. A.
   Travessera de Gràcia, 47-49. 08021 Barcelona
© 2005, Flora Casas, por la traducción

El material de este libro ha sido seleccionado entre varias de
las charlas dadas por Osho ante una audiencia, durante un
período de más de treinta años.
Todos los discursos de Osho han sido publicados íntegra-
mente en inglés y están también disponibles en audio.
Las grabaciones originales de audio y el archivo completo de
los textos se pueden encontrar on-line en la biblioteca de la
www.osho.com
**OSHO**® es una marca registrada de Osho International.

Printed in Spain – Impreso en España

ISBN: 978-84-8346-659-9
Depósito legal: B-8745-2009

Fotocomposición: Comptex & Ass., S. L.

Impreso en Litografia Rosés, S. A.
Progrés, 54-60. Gavà (Barcelona)

P 866599

# Índice

# Prólogo

❧

E N PRIMER LUGAR voy a contaros una pequeña anécdota:

—Mi médico se ha empeñado en que venga a verlo —le dijo un paciente al psiquiatra—. Sabe Dios por qué. Estoy felizmente casado, tengo un trabajo seguro, un montón de amigos, no tengo ninguna preocupación...

—Ya —replicó el psiquiatra, mientras cogía su cuaderno de notas—. ¿Y cuánto tiempo lleva así?

Nadie cree en la felicidad. Parece que el hombre no puede ser feliz. Si hablas de tu depresión, de la tristeza, de la infelicidad, todo el mundo se lo cree; parece algo natural. Si hablas de tu felicidad, nadie te cree; parece algo antinatural.

Tras cuarenta años de investigaciones sobre la mente humana, Sigmund Freud, que trabajó con miles de personas y estudió miles de mentes perturbadas, llegó a la conclusión de que la felicidad es algo ficticio, que el ser humano no puede ser feliz. Como mucho, podemos hacer las cosas un poco más agradables, pero nada más. Como mucho, podemos disminuir un poco la infelicidad, pero lo que se dice ser feliz, a eso no puede llegar el hombre.

Parece muy pesimista... pero si nos fijamos en la humanidad, esa parece ser la situación; parece que es así. Solo los seres humanos son infelices. Algo va mal en lo más profundo.

Os lo digo por experiencia propia: los seres humanos pueden ser felices, más felices que las aves, más felices que los árboles, más felices que las estrellas, porque los seres humanos tenemos algo que no tiene ninguna ave, ningún árbol, ninguna estrella. Tenemos consciencia.

Pero al tener consciencia, existen dos alternativas: llegar a la felicidad o a la infelicidad. Tú eliges. Los árboles son felices porque no pueden ser infelices. Su felicidad no es una cuestión de libertad; tienen que ser felices. No saben ser infelices; no tienen otra posibilidad. Los pájaros que trinan en los árboles no son felices por decisión propia; sencillamente son felices porque no conocen otra cosa. Su felicidad es inconsciente, natural.

Los humanos pueden ser tremendamente felices y tremendamente infelices, y son libres de elegir. Esa libertad es peligrosa, esa libertad es arriesgada, porque tú eres el único responsable. Y algo ha ocurrido con esa libertad, algo ha ido mal. El ser humano parece andar cabeza abajo.

La gente va en busca de la meditación. Necesitáis la meditación únicamente porque no habéis elegido ser felices. La meditación es una medicina; si estás enfermo, necesitas una medicina. En cuanto te decides por la felicidad, en cuanto decides que vas a ser feliz, no te hace falta la meditación. Entonces la meditación empieza a surgir por sí misma.

Si hay tantas religiones es porque hay muchas personas infelices. Una persona feliz no necesita ninguna religión; una persona feliz no necesita templos, ni iglesias, porque para una persona feliz el universo entero es un templo, la existencia entera es una iglesia. La persona feliz no se dedica a la religión porque su vida entera es religiosa. Cuanto se hace con felicidad es una oración: tu trabajo se transforma en culto, tu respiración misma es una maravilla, una gracia.

La felicidad se da cuando encajas en tu vida, cuando encajas tan armoniosamente que hagas lo que hagas te proporciona alegría. Entonces te das cuenta de que la meditación va tras de ti. Si amas el trabajo que haces, si amas tu modo de vida, eres una persona de meditación. Entonces nada te distrae. Cuando las cosas te distraen, eso simplemente demuestra que en realidad no te interesan esas cosas.

El maestro no para de decir a los niños: «¡Prestadme atención! ¡Estad atentos!». Los niños prestan atención, pero su atención se centra en otra cosa. Hay un pájaro cantando a todo cantar junto al edificio del colegio, y el niño está atento al pájaro. No se puede decir que no esté atento, que no sea meditativo, que no esté profundamente concentrado... ¡Claro que sí! Aún más: se ha olvidado por completo del maestro y del problema de aritmética que este escribe en la pizarra. El niño está totalmente ajeno a eso, completamente poseído por el pájaro y su canto. Pero el maestro dice: «¡Presta atención! ¿Qué haces? ¡No te distraigas!».

En realidad, es el maestro quien está distrayendo al niño. El niño presta atención de una forma natural. Es feliz escuchando el canto del pájaro. El maestro lo distrae, le dice: «No estás prestando atención», y eso es mentira. El niño está prestando atención. Si el pájaro lo atrae más, ¿qué puede hacer? El maestro no lo atraía tanto, la aritmética no tenía tanto encanto.

No se nos pone en la tierra para ser matemáticos. Hay unos cuantos niños a los que no les interesará el pájaro; ya puede aumentar de volumen su canto que ellos seguirán prestando atención a la pizarra. La aritmética es para ellos. Tienen una meditación, un estado meditativo natural, cuando se trata de las matemáticas.

Nos han hecho distraernos con preocupaciones nada naturales: el dinero, el prestigio, el poder. Escuchar a los pájaros no

te proporcionará dinero. Escuchar a los pájaros no te va a proporcionar prestigio ni poder. Contemplar una mariposa no te va
a ayudar ni económica, ni política ni socialmente. Esas cosas no
son lucrativas, pero esas cosas te hacen feliz.

Un verdadero ser humano obtiene el valor para seguir delante de las cosas que le hacen feliz. Dice: «He elegido mi camino, he elegido los pájaros, las mariposas y las flores. No puedo ser rico, pero no importa. Soy rico porque soy feliz». Pero
los seres humanos se han vuelto locos.

He leído una cosa:

> El viejo Ted llevaba varias horas sentado a la orilla del río sin
> que picaran los peces. Entre las botellas de cerveza y el calor del
> sol se quedó dormido, así que no estaba en condiciones cuando
> un pez mordió el anzuelo, tiró del sedal y lo despertó. Ted per-
> dió el equilibrio y se cayó al río.
>
> Un niño había observado atentamente lo que pasaba. Mien-
> tras el hombre se debatía, intentando salir del agua, le pregun-
> tó a su padre: «Papá, ¿ese hombre está pescando un pez o el pez
> está pescando al hombre?».

El ser humano se ha vuelto completamente loco. El pez te
está atrapando y arrastrándote; tú no estás atrapando el pez. En
cuanto ves dinero, dejas de ser tú mismo. En cuanto ves poder,
prestigio, dejas de ser tú mismo. En cuanto ves respetabilidad,
dejas de ser tú mismo. Te olvidas inmediatamente de todo, te
olvidas de los valores intrínsecos de tu vida, tu felicidad, tu alegría, tu gozo. Siempre eliges algo del exterior y lo intercambias
con algo del interior. Ganas lo exterior y pierdes lo interior.

Pero ¿qué vas a hacer? Incluso si tienes el mundo entero
a tus pies pero te has perdido a ti mismo, incluso si has conquistado todas las riquezas del mundo y has perdido tu tesoro

interior, ¿qué vas a hacer con todas tus riquezas? Eso es la infelicidad.

Si tienes que aprender algo, es a estar alerta, a ser consciente de tus motivaciones internas, de tu destino interior. Nunca lo pierdas de vista, o serás desgraciado. Y cuando eres desdichado, la gente te dirá: «Medita y serás feliz». Te dirán: «Reza y serás feliz; ve al templo, sé religioso, hazte cristiano o hindú y serás feliz». Tonterías. Sé feliz, y después vendrá la meditación. Sé feliz, y la religiosidad vendrá después. La felicidad es la condición fundamental.

Pero las personas solo se hacen religiosas cuando son desdichadas; entonces la religión es seudorreligión. Intenta comprender por qué eres desdichado. Muchas personas vienen a mí y me cuentan que son desdichadas y quieren que les enseñe a meditar. Yo digo que lo primero es comprender por qué se es desdichado. Si no eliminas esas causas básicas de tu infelicidad, podrás meditar, pero no te ayudará mucho, porque las causas básicas seguirán ahí.

Una mujer podía haber sido una bailarina fantástica y estar en una oficina, fichando. No le queda tiempo para el baile. Alguien podía haber disfrutado bailando bajo las estrellas, pero ahora se dedica a engrosar su cuenta bancaria. Y estas personas dicen que son infelices: «Dame una forma de meditación que pueda seguir». Puedo darla, pero ¿qué conseguirá con esa meditación? ¿De qué servirá? Seguirán siendo las mismas personas, acumulando dinero, compitiendo en el mercado. La meditación puede ayudarlas a estar un poco más relajadas para que hagan esas tonterías incluso mejor.

Puedes repetir un mantra, puedes hacer cierto tipo de meditación; puede ayudarte un poquito en esto o aquello, pero solo puede ayudarte a seguir siendo lo que eres. No es una transformación.

Por tanto, mi propuesta es para los realmente osados, para los temerarios que están dispuestos a cambiar su forma de vida, que están dispuestos a jugárselo todo porque en realidad no hay nada que jugarse: solo tu felicidad, tu infelicidad. Pero la gente se aferra incluso a eso.

He oído contar esto:

> En un remoto campo de entrenamiento, un escuadrón de reclutas acababa de volver a su alojamiento tras un día de marcha bajo el ardiente sol.
>
> —¡Qué vida esta! —dijo un soldado novato—. A kilómetros de cualquier parte, un sargento que se cree Atila, sin mujeres, sin alcohol, sin permisos... y para colmo, mis botas son dos números más pequeñas.
>
> —No tienes por qué aguantar eso, tío —dijo un compañero—. ¿Por qué no te pones otras botas?
>
> —¿Para qué? —replicó el otro—. ¡Quitármelas es el único placer que tengo!

¿Qué más tienes que poner en juego? Solo tu infelicidad. El único placer que tienes es hablar de ella. Fíjate en la gente cuando habla de su infelicidad, lo contentos que se ponen. Pagan por eso; van a los psicoanalistas para hablar sobre su infelicidad y pagan por ello. Alguien los escucha con atención, y ellos encantados.

La gente no para de hablar de su infelicidad. Incluso exageran, la adornan, para que parezca mayor. La hacen parecer mayor de lo que es en la realidad. ¿Por qué? No tienes nada que jugarte sino tu infelicidad, pero la gente se aferra a lo conocido, a lo familiar. Lo único que han conocido es la infelicidad; es su vida. No tienen nada que perder, pero tienen miedo de perderlo.

Tal y como yo lo veo, la felicidad es lo primero, la alegría es lo primero. Una actitud festiva es lo primero, una filosofía de afirmación de la vida. ¡Disfruta! Si no disfrutas con tu trabajo, cambia de trabajo. No esperes, porque todo el tiempo que esperas estás esperando a Godot, y Godot no llegará nunca. Esperando malgastarás tu vida. ¿Qué, a quién estás esperando?

Si comprendes que eres desgraciado siguiendo cierta forma de vida, y todas las viejas tradiciones dicen que tú estás equivocado, a mí me gustaría decir que lo equivocado es esa forma de vida. Intenta comprender la diferencia. Tú no estás equivocado; lo equivocado es tu forma de vida, la manera de vivir que has aprendido. Las motivaciones que has aprendido y aceptado como tuyas no son tuyas; no cumplen tu destino. Van contra tus principios, van contra tu elemento.

Recuérdalo: nadie puede decidir por ti. Todos sus mandamientos, toda su moralidad, solo sirven para inutilizarte. Tienes que decidir por ti mismo, tienes que tomar tu propia vida en tus manos. En otro caso, la vida llamará a tu puerta y tú no estarás allí; siempre estarás en otra parte.

Si ibas a ser bailarín, la vida sale de esa puerta porque la vida piensa que ya deberías ser bailarín. Llama a esa puerta, pero tú no estás: eres banquero. ¿Cómo iba a saber la vida que serías banquero? La vida llega a ti de la forma que tu naturaleza quería que fueras; solamente conoce la dirección, pero nunca te encuentra allí, porque estás en otra parte, ocultándote tras la máscara de otro, con el atuendo de otro, con el nombre de otro. La existencia sigue buscándote. Conoce tu nombre, pero tú has olvidado ese nombre. Conoce tu dirección, pero tú nunca has vivido en esa dirección. Te has dejado distraer por el mundo.

—Anoche soñé que era niño —le contó Joe a Al—, y que tenía un pase gratis para todas las atracciones de Disneylandia.

¡Qué bien me lo pasé, oye! No tuve que elegirlas. Me subí en todas.

—Es curioso —dijo su amigo—. Yo también tuve un sueño muy vívido anoche. Soñé que una rubia guapísima llamaba a mi puerta y que me deseaba ardientemente. Justo cuando empezábamos a entrar en faena llegó otra visita, una morena que estaba buenísima y también quería acostarse conmigo.

—¡Vaya! —exclamó Joe—. ¡Me habría encantado estar allí! ¿Por qué no me llamaste?

—Te llamé —respondió Al—. Y tu madre me dijo que estabas en Disneylandia.

Tu destino solo puede encontrarte de una manera, cuando floreces interiormente, como la existencia quería que fueses. A menos que encuentres tu espontaneidad, a menos que encuentres tu elemento, no puedes ser feliz. Y si no puedes ser feliz, no puedes ser meditativo.

¿Por qué surge en la mente de las personas la idea de que la meditación da la felicidad? En realidad, siempre que han encontrado a alguien feliz han encontrado una mente meditativa: las dos cosas van asociadas. Siempre que han encontrado a una persona en un entorno hermoso, de meditación, siempre han visto que esa persona era inmensamente feliz, resplandeciente de dicha, radiante. Lo asocian. La gente piensa que la felicidad llega cuando meditas.

Pues es justo al revés: la meditación llega cuando eres feliz. Pero ser feliz resulta difícil y aprender a meditar, fácil. Ser feliz supone un cambio drástico en tu modo de vida, un cambio brusco, porque no hay tiempo que perder. Un cambio repentino, una ruptura, una ruptura con el pasado. Un trueno y de repente se acabaron las antiguas costumbres; empiezas de nuevo, desde el principio. Comienzas tu vida de nuevo como lo habrías hecho si no te hubieran impuesto esa forma de vida tus padres, la sociedad, el estado, como habrías hecho, deberías haber hecho, si nadie te hubiera distraído. Pero te distrajiste.

Tienes que abandonar todos los modelos que te han impuesto y encontrar tu llama interior.

# ¿QUÉ ES LA FELICIDAD?

*La felicidad no tiene nada que ver con el triunfo; la felicidad no tiene nada que ver con la ambición; la felicidad no tiene nada que ver con el dinero, ni el poder ni el prestigio. La felicidad está relacionada con tu consciencia, no con tu carácter.*

# Depende de ti

〰

¿QUÉ ES LA FELICIDAD? Depende de ti, de tu estado de consciencia o inconsciencia, de si estás dormido o despierto. Murphy tiene una famosa frase. Dice que existen dos tipos de personas: las que siempre dividen a la humanidad en dos tipos y las que no dividen en absoluto a la humanidad. Yo formo parte del primer tipo: la humanidad puede dividirse en dos tipos, los que duermen y los que están despiertos y, por supuesto, un pequeño grupo entre medias.

La felicidad dependerá de dónde estés en tu consciencia. Si estás dormido, el placer es la felicidad. El placer significa la sensación, intentar alcanzar por mediación del cuerpo algo que no se puede alcanzar por mediación del cuerpo, obligar al cuerpo a alcanzar algo de lo que no es capaz. Las personas intentan, por todos los medios posibles, alcanzar la felicidad por mediación del cuerpo.

El cuerpo solo puede proporcionar placeres pasajeros, y cada placer se equilibra con el dolor, en el mismo grado, en la misma medida. A cada placer le sigue lo opuesto, porque el cuerpo existe en el mundo de la dualidad, igual que la noche sigue al día y la vida sigue a la muerte y la muerte sigue a la vida, en un círculo vicioso. Al placer lo seguirá el dolor, y al dolor lo seguirá el placer. Pero nunca estarás tranquilo. Cuando te encuentres en un estado de placer tendrás miedo de perderlo, y ese miedo lo emponzoñará. Y, naturalmente, cuando estés perdido en medio del dolor, sufrirás y harás todos los esfuerzos posibles para salir de él, y volverás a caer en lo mismo.

Buda lo llama la rueda del nacimiento y de la muerte. Nosotros nos movemos con esa rueda, aferrados a ella... y la rueda continúa moviéndose. A veces se presenta el placer y otras veces se presenta el dolor, pero estamos aplastados entre esas dos rocas.

Pero la persona adormilada no conoce nada más. Solo conoce unas cuantas sensaciones del cuerpo: la comida, el sexo... Ese es su mundo. Si reprime el sexo se hace adicta a la comida; si reprime la comida se hace adicta al sexo. La energía se mueve como un péndulo. Y lo que se llama placer es, como mucho, simple alivio de un estado de tensión.

La energía sexual se recoge, se acumula; te pones tenso y deseas relajar esa tensión. Para quien está dormido, el sexo no es sino un alivio, como un buen estornudo. No produce más que cierto alivio: había tensión, y ha desaparecido. Pero volverá a acumularse. La comida solo te proporciona cierto gusto en la lengua; no es mucho por lo que vivir. Pero muchas personas viven únicamente para comer; pocas personas comen para vivir.

La historia de Colón es muy conocida. Fue un largo viaje. No vieron sino agua durante tres meses. Un día, Colón miró al horizonte y vio árboles. Si pensáis en lo contento que se puso al ver árboles, imaginaos cómo se puso su perro.

Ese es el mundo del placer. Al perro se le puede perdonar, pero a ti no.

En su primera cita, un chico, pensando en alguna forma de divertirse, le preguntó a la chica si quería ir a jugar a los bolos. **Ella contestó** que no le gustaban los bolos. Después el chico propuso que fueran a ver una película, pero ella contestó que no le gustaba el cine. Mientras intentaba pensar en otra cosa le ofreció un cigarrillo, que la chica rechazó. Después le preguntó si quería ir a bailar y tomar copas a la nueva discoteca. Ella volvió a rechazar la propuesta, diciendo que no le gustaban esas cosas.

Desesperado, le preguntó si quería ir a su apartamento a pasar la noche haciendo el amor. Para su sorpresa, la chica accedió de buena gana, lo besó apasionadamente y dijo: «¿Lo ves? No hacen falta esas cosas para divertirse».

Lo que llamamos «felicidad» depende de la persona. Para la persona dormida, las sensaciones placenteras son la felicidad. La persona dormida vive cambiando de un placer a otro. Se precipita de una sensación a otra. Vive para las pequeñas emociones; lleva una vida muy superficial. No tiene profundidad, no tiene calidad. Vive en el mundo de la cantidad.

También hay personas que están entre medias, ni dormidas ni despiertas, que viven en un limbo, un poquito dormidas y un poquito despiertas. A veces se puede tener esa experiencia a primera hora de la mañana: todavía adormilado, pero sin que puedas decir que estás dormido porque oyes los ruidos de la casa, a tu pareja preparando el café, el ruido de la cafetera o de los niños preparándose para el colegio. Oyes todo eso, pero aún no estás despierto. Esos ruidos te llegan vagamente, débiles, como si hubiera una gran distancia entre tú y lo que ocurre a tu alrededor. Tienes la sensación de que forma parte de un sueño. No forma parte de un sueño, pero tú te encuentras en un estado intermedio.

Lo mismo ocurre cuando empiezas a meditar. Quien no medita duerme, sueña; quien medita empieza a alejarse del sueño y a dirigirse al despertar, en un estado transitorio. Entonces la felicidad tiene un sentido completamente distinto: tiene más de calidad y menos de cantidad; es algo más psicológico, menos fisiológico. Quien medita disfruta más de la música, disfruta más de la poesía, disfruta creando algo. Esas personas disfrutan de la naturaleza, de su belleza. Disfrutan del silencio, disfrutan de lo que nunca habían disfrutado antes, y eso es mucho más duradero. Incluso si se para la música, algo persiste.

Y no es un alivio. La diferencia entre el placer y esta clase de felicidad consiste en que no es un alivio, sino un enriquecimiento. Te sientes más pleno, empiezas a desbordarte. Al escuchar buena música, algo estalla en tu ser, surge una armonía en ti: te haces música. O, al bailar, de pronto te olvidas de tu cuerpo; tu cuerpo es ingrávido. La gravedad pierde su poder sobre ti. De repente te encuentras en otro espacio: el ego no es tan sólido, el bailarín se funde y se fusiona con la danza.

Esto es mucho más elevado, mucho más profundo que el placer que se obtiene de la comida o del sexo. Esto es algo profundo, pero no lo supremo. Lo supremo solo ocurre cuando estás plenamente despierto, cuando eres un Buda, cuando ha desaparecido todo el sueño, cuando todo tu ser está lleno de luz, cuando no hay oscuridad en tu interior. Toda la oscuridad ha desaparecido y, junto con la oscuridad, el ego. Han desaparecido todas las tensiones, las angustias, las ansias. Te encuentras en un estado de absoluta satisfacción. Vives en el presente; se acabaron el pasado y el futuro. Estás por completo aquí. Este momento lo es todo. Ahora es el único tiempo y aquí es el único espacio. Y de repente el cielo desciende sobre ti. Eso es la dicha. Eso es la verdadera felicidad.

Busca la dicha; es tu derecho inalienable. No sigas perdido en la jungla de los placeres; elévate un poco. Ve en busca de la felicidad y después de la dicha. El placer es animal; la felicidad es humana; la dicha, divina. El placer te ata, es una esclavitud, te encadena. La felicidad te afloja un poco la cuerda, te da un poco de libertad, pero solo un poco. La dicha es la libertad absoluta. Empiezas a avanzar hacia arriba; te da alas. Dejas de formar parte de la grosera tierra; pasas a formar parte del cielo. Te conviertes en luz, en alegría.

El placer depende de los demás. La felicidad no depende de otros, pero de todos modos es algo distinto de ti. La dicha no depende de nada, ni es nada distinto de ti; es tu ser mismo, es tu naturaleza misma.

Buda Gautama dice: «Existe el placer y existe la dicha. Renuncia a lo primero para poseer lo segundo».

Medita sobre esto lo más profundamente posible, porque contiene una de las verdades más fundamentales. Hay que comprender estas cuatro palabras, reflexionar sobre ellas. La primera es placer, la segunda, felicidad, la tercera, alegría, y la cuarta es dicha.

El placer es algo físico, fisiológico. El placer es lo superficial de la vida, la excitación. Puede ser sexual o de otros sentidos; puede convertirse en obsesión con la comida, pero está arraigado en el cuerpo. El cuerpo es tu periferia, tu circunferencia, no tu centro. Y vivir en la circunferencia significa vivir a merced de toda clase de cosas que suceden a tu alrededor. Quien busque el placer quedará a merced de la casualidad. Ocurre como con las olas del mar: están a merced de los vientos. Cuando soplan vientos fuertes, aparecen las olas; cuando desaparecen los vientos, desaparecen las olas. No tienen una existencia independiente, son dependientes, y todo lo que depende de algo exterior supone esclavitud.

El placer depende del otro. Si amas a una mujer, si ese es tu placer, esa mujer se convierte en tu dueña. Si amas a un hombre, si ese es tu placer y te sientes desgraciada y desesperada sin él, has creado tu propia esclavitud. Has creado una prisión; ya no eres libre. Si vas en pos del dinero y del poder, dependerás del dinero y del poder. Quien se dedica a acumular dinero, si su placer consiste en tener cada día más dinero, será cada día desgraciado, porque cuanto más tiene, más quiere, y cuanto más tiene, más miedo tiene de perderlo.

Es una espada de doble filo: querer más es el primer filo de la espada. Cuanto más exiges, cuanto más deseas, cuanto más sientes que te falta algo, más vacío y hueco te sientes. Y el otro filo de la espada es que cuanto más tienes, más temes que te lo quiten. Te lo pueden robar. El banco puede ir a la bancarrota, puede cambiar la situación política del país, hacerse comunista... Hay mil cosas de las que depende tu dinero. Tu dinero no te hace amo, sino esclavo.

El placer es algo periférico; por consiguiente, te hará depender de las circunstancias externas. Y es simple excitación. Si la comida es un placer, ¿de qué se disfruta realmente? Solo del gusto... y eso unos momentos, cuando la comida llega a las papilas gustativas y notas una sensación que interpretas como placer. Es una interpretación tuya. Hoy puede parecerte un placer y mañana no. Si sigues comiendo la misma cantidad todos los días, las papilas gustativas dejarán de responder a la comida, y dentro de poco estarás harto.

Así es como nos hartamos de las cosas: un día corres tras un hombre o una mujer y al día siguiente intentas encontrar excusas para librarte de esa persona. Es la misma persona; nada ha cambiado. ¿Qué ha pasado entretanto? Te has aburrido del otro, porque el placer consistía en explorar lo nuevo. Resulta que el otro ya no es nuevo; ya te has familiarizado con su territorio. Te has familiarizado con el cuerpo del otro, con las curvas de su cuerpo, con la sensación que te produce su cuerpo. Y la mente ansía algo nuevo.

La mente siempre ansía algo nuevo. Así es como la mente te mantiene siempre atado a algo futuro. Te mantiene en un estado de espera, pero nunca te lleva los productos, porque no puede. Solo puede crear nuevas esperanzas, nuevos deseos.

Las hojas crecen en los árboles del mismo modo que los deseos y las esperanzas crecen en la mente. Querías una casa nueva y ya la tienes; ¿dónde está el placer? La disfrutaste unos momentos, cuando conseguiste tu objetivo. Una vez conseguido a la mente deja de interesarle y ya ha empezado a tender nuevas telarañas de deseo. Ya ha empezado a pensar en otras casas, más grandes. Y eso es lo que pasa con todo.

El placer te crea un estado de deseo permanente, de inquietud, una agitación continua. Hay múltiples deseos, todos y cada uno de ellos insaciables, que reclaman toda tu atención. Te conviertes en víctima de una multitud de deseos enloquecedores —enloquecedores porque no se pueden cumplir—, que te llevan de acá para allá. Tú mismo te conviertes en una contradicción. Un deseo te lleva hacia la izquierda, otro hacia la derecha, y alimentas ambos deseos al mismo tiempo. Y entonces te sientes dividido, escindido, desgarrado. Te sientes hecho pedazos. Nadie sino tú es responsable; es la estupidez del deseo de placer lo que crea esta situación.

Y es un fenómeno complejo. No eres tú el único que busca el placer; millones de personas buscan los mismos placeres. Por eso existe una gran lucha, la competición, la violencia, la guerra. Todos son enemigos entre sí, porque todos tienen el mismo objetivo y no todos pueden conseguirlo. De ahí que la lucha sea tremenda, porque hay que arriesgarlo todo, y por nada, ya que, cuando ganas, no ganas nada. Malgastas tu vida entera en esa lucha. Una vida que podría haber sido una fiesta se convierte en una lucha prolongada, inútil.

Cuando vas buscando el placer no puedes amar, porque la

persona que va buscando el placer utiliza al otro como medio. Y utilizar al otro como medio es una de las acciones más inmorales, porque cada ser es un fin en sí mismo, y no un medio. Pero cuando buscas el placer tienes que utilizar al otro como medio. Te haces astuto, porque la lucha es tremenda. Si no eres astuto te engañarán, y antes de que los demás te engañen, tú tienes que engañarlos a ellos.

Ya advertía Maquiavelo a los buscadores del placer que la mejor forma de defensa es el ataque. No hay que esperar a que el otro ataque; podría ser demasiado tarde. Antes de eso, atácalo tú. Esa es la mejor forma de defensa. Y es un consejo que se sigue, tanto si se conoce a Maquiavelo como si no.

Es muy extraño. La gente conoce a Jesucristo, a Buda, a Mahoma, a Krisna, pero nadie los sigue. La gente no sabe gran cosa de Maquiavelo, pero a él sí lo siguen, como si tuviera mucha importancia para ellos. No hace falta que lo leáis; simplemente lo seguís. Vuestra sociedad está basada en los principios maquiavélicos; en eso consiste el juego político. Antes de que alguien te quite algo, quítaselo tú. Tienes que estar siempre en guardia. Naturalmente, si estás siempre en guardia, te sentirás tenso, angustiado, preocupado. Todo el mundo está en tu contra y tú estás en contra de todo el mundo.

De modo que el placer no es ni puede ser la meta de la vida.

La segunda palabra que hay que comprender es la felicidad. El placer es algo fisiológico; la felicidad es algo psicológico. La felicidad es un poco mejor, algo un poco más refinado, un poco más elevado... pero no muy distinto del placer. Podría decirse que el placer es una clase más baja de felicidad y que la felicidad es una clase más elevada de placer: las dos caras de la misma moneda. El placer es un poco primitivo, animal; la felicidad es un poco más refinada, un poco más humana, pero es el mismo juego que se juega en el mundo de la mente. No te preocupas tanto de las sensaciones fisiológicas como de las sensaciones psicológicas, pero no existe diferencia en lo fundamental.

La tercera es la alegría: la alegría es algo espiritual. Es algo distinto, completamente distinto del placer y de la felicidad. No tiene nada que ver con lo externo, con el otro; es un fenómeno interno. La alegría no depende de las circunstancias; es algo tuyo. No es una excitación producida por las cosas; se trata de un estado de paz, de silencio, un estado meditativo. Es espiritual.

Pero Buda tampoco habla de la alegría, porque existe otra cosa que va más allá de la alegría. Él lo llama dicha. La dicha es algo absoluto. No es algo fisiológico, ni psicológico ni espiritual. No sabe de divisiones; es indivisible. Es absoluta en un sentido y trascendente en otro. Buda solo emplea dos palabras en esta frase. La primera es el placer, que incluye la felicidad. La segunda es la dicha, que incluye la alegría.

La dicha significa alcanzar el núcleo más profundo de tu ser. Se encuentra en las profundidades últimas de tu ser, donde ni siquiera el ego existe, donde reina el silencio: tú has desaparecido. En la alegría existes un poco, pero en la dicha dejas de existir. Se ha disuelto el ego; es un estado de no ser.

Buda lo llama nirvana. El nirvana significa dejar de ser, ser un vacío infinito como el cielo. Y en el momento en que eres el infinito, te inundas de estrellas e inicias una vida completamente nueva. Renaces.

El placer es algo momentáneo, algo que pertenece a la esfera del tiempo, es algo «de momento». La dicha es intemporal, atemporal. El placer comienza y termina; la dicha ni va ni viene: está ya en el núcleo más profundo de tu ser. El placer hay que arrancárselo a otro: o eres mendigo o eres ladrón. La dicha te hace el amo.

La dicha no es algo que te inventas, sino algo que descubres.

La dicha es tu naturaleza más íntima. Estaba allí desde el principio, pero tú no te habías fijado. No te has dado cuenta porque no miras hacia dentro.

Esa es la única desgracia del ser humano, que solo mira hacia fuera, siempre en busca y en pos de algo. Y no se puede encontrar en el exterior porque no está allí.

Una tarde, Rabiya —una famosa mística sufí— estaba buscando algo en la calle, junto a su pequeña choza. Se estaba poniendo el sol y la oscuridad descendía poco a poco. La gente fue congregándose, y le preguntaron:

—¿Qué haces? ¿Qué se te ha perdido? ¿Qué estás buscando?

Ella contestó:

—Se me ha perdido la aguja.

La gente dijo:

—Se está poniendo el sol y va a resultar muy difícil encontrar la aguja, pero vamos a ayudarte. ¿Dónde se te ha caído exactamente? Porque la calle es grande y la aguja pequeña. Si sabemos exactamente dónde se ha caído resultará más fácil encontrarla.

Rabiya contestó:

—Más vale que no me preguntéis eso, porque en realidad no se ha caído en la calle, sino en mi casa.

La gente se echó a reír y dijo:

—¡Ya sabíamos que estabas un poco loca! Si la aguja se ha caído en tu casa, ¿por qué la estamos buscando en la calle?

Rabiya replicó:

—Por una razón tan sencilla como lógica: en la casa no hay luz y en la calle aún queda un poco de luz.

La gente volvió a reírse y se dispersaron. Rabiya los llamó y dijo:

—¡Escuchadme! Eso es lo que hacéis vosotros. Yo me limitaba a seguir vuestro ejemplo. Os empeñáis en buscar la dicha en el mundo exterior sin plantear la pregunta fundamental: «¿Dónde la has perdido?». Y yo os digo que la habéis perdido dentro. La buscáis fuera por la sencilla y lógica razón de que vuestros sentidos están abiertos hacia el exterior: hay un poco más de luz. Vuestros ojos miran hacia fuera, vuestros oídos escuchan hacia fuera, vuestras manos se tienden hacia fuera; por eso estáis buscando fuera. Por lo demás os aseguro que no la habéis perdido ahí, y lo digo por experiencia propia. Yo también he buscado fuera durante muchas, muchas vidas, y el día que miré dentro me llevé una sorpresa. No hacía falta buscar y registrar; siempre había estado dentro.

La dicha es tu núcleo más íntimo. El placer se lo tienes que pedir a otros, y naturalmente te haces dependiente. La dicha te hace el amo. La dicha no es algo que te ocurre; ya está ahí.

Buda dice: «Existe el placer y existe la dicha. Renuncia a lo primero para poseer lo segundo». Deja de mirar hacia fuera. Mira hacia dentro, vuélvete hacia tu interior. Empieza a buscar y registrar en tu interior, en tu subjetividad. La dicha no es un objeto que se pueda encontrar en ninguna otra parte; es tu consciencia.

En Oriente siempre hemos definido la verdad suprema como *Sat-Chit-Anand. Sat* significa 'verdad', *chit* significa 'consciencia', y *anand*, 'dicha'. Son tres aspectos de la misma realidad. Es la auténtica Trinidad, no Dios Padre, Dios Hijo, Jesucristo, y el Espíritu Santo; esa no es la verdadera Trinidad. La verdadera Trinidad es la verdad, la consciencia y la dicha. Y no son fenómenos distintos, sino una sola energía que se expresa de tres maneras, una energía con tres aspectos. De ahí que en Oriente digamos que Dios es *trimurti*, que tiene tres rostros. Esos son los verdaderos rostros, no Brama, Visnú y Mahesh, el

Padre, el Hijo y el Espíritu Santo; esos nombres son para principiantes.

Verdad, consciencia, dicha: esas son las verdades absolutas. En primer lugar llega la verdad. En cuanto entras en ella, tomas conciencia de tu realidad eterna: el *sat*, la verdad. Al profundizar en tu realidad, en tu verdad, te darás cuenta de la consciencia, de una increíble consciencia. Todo es luz, nada es oscuridad. Todo es consciencia, nada inconsciencia. Eres simplemente una llama de la consciencia, sin siquiera una sombra de inconsciencia por ninguna parte. Y cuando profundizas aún más, el núcleo definitivo es la dicha, *anand*.

Buda dice: «Renuncia a todo lo que hasta ahora has considerado importante, significativo». Sacrifícalo todo para ese absoluto porque es lo único que te satisfará, que te llenará, que llevará la primavera a tu ser... y estallarás en miles de flores.

El placer te hará ir a la deriva. El placer te hará más astuto, pero no te proporcionará sabiduría. Te hará cada día más esclavo; no te proporcionará el reino de tu ser. Te hará cada día más calculador, te hará una persona más aprovechada. Te hará cada día más político, más diplomático. Empezarás a utilizar a las personas como medios. Eso es lo que hace la gente.

El marido le dice a la esposa: «Te quiero», pero en realidad simplemente la está utilizando. La esposa dice que quiere al marido, pero simplemente lo está utilizando. El marido puede estar utilizándola como objeto sexual y la esposa utilizándolo como seguridad económica. El placer hace a todos astutos, taimados. Y ser astuto supone perderse la dicha de ser inocente, perderse la dicha de ser niño.

En Lockheed necesitaban una pieza para un avión nuevo y enviaron un comunicado a todo el mundo para ver quién presentaba la mejor oferta. De Polonia les llegó una oferta de tres mil dólares. Inglaterra se ofrecía a construir la pieza por seis mil dólares. Israel pedía nueve mil. Richardson, el ingeniero encargado de la construcción del nuevo avión, pensó que lo mejor era ir a cada uno de los países para averiguar el porqué de la disparidad de precios. El fabricante de Polonia le dijo: «Mil para los materiales, mil para la mano de obra, y mil para los gastos indirectos y unos pequeños beneficios».

En Inglaterra, Richardson revisó la pieza y descubrió que era casi tan buena como la fabricada en Polonia. Preguntó: «¿Por qué piden seis mil dólares?». El inglés se lo explicó: «Dos mil para los materiales, otros dos mil para la mano de obra y otros dos mil para los gastos y un pequeño beneficio».

En Israel, el representante de Lockheed tuvo que llegar hasta un callejón en el que había una pequeña tienda, donde vio a un viejecillo, el que había presentado la oferta de nueve mil dólares.

—¿Por qué pide tanto? —le preguntó.

—A ver —dijo el viejo judío—. Tres mil para usted, tres mil para mí y tres mil para los gilipollas de Polonia.

El dinero, el poder, el prestigio: todo eso contribuye a hacerte astuto. Busca el placer y perderás la inocencia, y perder la inocencia significa perderlo todo. Esto dice Jesucristo: sé como un niño, y solo así entrarás en el Reino de Dios. Y tiene razón. Pero quien anda en busca del placer no puede ser inocente como un niño. Tienes que ser muy listo, muy astuto, con mucha política; solo así puedes vencer en la competición a muerte que hay en todas partes. Todo el mundo está a la greña con todo el mundo, no vives entre amigos. El mundo no puede ser amable a menos que dejemos esa idea de la competitividad.

Pero desde el principio inculcamos al niño el veneno de la competitividad. Cuando acabe la universidad estará totalmente envenenado. Lo hemos hipnotizado con la idea de que tiene que luchar contra los demás, de que la vida es la supervivencia de los más aptos. Así la vida no puede ser una fiesta.

Si eres feliz a costa de la felicidad de otro... Y así es como puedes ser feliz; no hay otra manera. Si conoces a una mujer hermosa y consigues poseerla, se la habrás arrebatado a otro. Intentamos que las cosas parezcan lo más bonitas posible, pero eso es solo en la superficie. Los que han perdido en el juego se enfadarán, se pondrán furiosos. Esperarán una oportunidad para vengarse, y esa oportunidad se les presentará tarde o temprano.

Lo que posees en este mundo lo posees a costa de alguien, a costa del placer de otro. No hay otra manera. Si de verdad no deseas enemistarte con nadie en el mundo, debes abandonar la idea de la posesión. Utiliza lo que tengas a tu lado en el momento, pero no seas posesivo. No intentes reclamar que es tuyo. No hay nada que sea tuyo; todo pertenece a la existencia.

# Con las manos vacías

۞

L LEGAMOS CON LAS MANOS VACÍAS y nos iremos con las manos vacías, de modo que ¿para qué reclamar tanto entre medias? Pero eso es lo que sabemos, lo que nos dice el mundo: posee, domina, ten más que los demás. Puede ser dinero o puede ser virtud; no importa con qué clase de moneda comercies: puede ser mundana o espiritual. Pero debes ser muy listo, porque si no te explotarán. Explota y no te dejes explotar: ese es el sutil mensaje que te transmiten con la leche de tu madre. Y todos los colegios y las universidades están basados en la idea de la competición.

Una verdadera educación no te enseñará a competir; te enseñará a colaborar. No te enseñará a pelear para llegar el primero. Te enseñará a ser creativo, a ser cariñoso, a ser dichoso sin compararte con los demás. No te enseñará que solo puedes ser feliz si llegas el primero: es una estupidez. No puedes ser feliz simplemente por ser el primero, y al intentar ser el primero sufrirás tanto que cuando lo consigas te habrás acostumbrado al sufrimiento.

Cuando llegues a presidente o primer ministro de un país habrás sufrido tanto que el sufrimiento será tu segunda naturaleza. No conoces otra manera de vivir; solo la del sufrimiento. La tensión ha arraigado en ti; la angustia se ha convertido en tu modo de vida. No conoces otro modo. Así que aunque seas el primero seguirás angustiado, cauto, con miedo. Tu cualidad interna no cambiará en absoluto.

Una educación de verdad no te enseñará a ser el primero. Yo te digo que disfrutes de lo que haces, no por los resultados, sino por el acto en sí. Al igual que un pintor, un bailarín o un músico...

Puedes pintar de dos maneras: para competir con otros pintores, porque quieres ser el mejor pintor del mundo, quieres ser un Picasso o un Van Gogh. Entonces tu pintura será de segunda categoría, porque a tu mente no le interesa la pintura en sí; le interesa que seas el primer pintor del mundo, el mejor. No profundizas en el arte de la pintura. No disfrutas de ella, solo la utilizas como un peldaño. Te has metido en un viaje del ego, y el problema radica en que para ser pintor de verdad tienes que deshacerte por completo del ego. Para ser pintor de verdad, hay que dejar el ego a un lado. Solo así podrá fluir por ti la existencia. Solo así podrás utilizar tus manos, tus dedos y tus pinceles como vehículos. Solo así puede nacer algo de esa magnífica belleza.

Tú no creas la verdadera belleza, sino que se crea a través de ti. La existencia fluye; tú eres solo un conducto. Tú dejas que ocurra, y nada más; tú no lo obstaculizas, y nada más.

Pero si te interesan demasiado los resultados, los resultados últimos, que tienes que hacerte famoso, que tienes que ganar el premio Nobel, que tienes que ser el mejor pintor del mundo, que tienes que derrotar a todos los demás pintores que han existido hasta la fecha, entonces no te interesa la pintura; la pintura es algo secundario. Y, naturalmente, si sientes un interés secundario por la pintura, no podrás pintar nada original; todo será normal y corriente. El ego no puede traer nada extraordinario al mundo; lo extraordinario solo se produce con la ausencia del ego. Y lo mismo ocurre con el músico, el poeta y el bailarín. Lo mismo ocurre con todo el mundo.

Dice Krisna en el *Bhagavad-Gita*: «No pienses en absoluto en el resultado». Es un mensaje de belleza, trascendencia y verdad prodigiosas. No pienses en los resultados. Haz lo que estés haciendo con todo tu ser. Piérdete en ello, pierde al hacedor en el hacer. No «seas»; deja que tus energías creativas fluyan sin obstáculos. Por eso le dijo a Arjuna: «No huyas de la guerra... porque veo que esa huida no es sino un viaje del ego. Tu forma de hablar demuestra que estás calculando, que estás pensando que huyendo de la guerra llegarás a ser un gran santo. En lugar de someterte al todo, te estás tomando a ti mismo demasiado en serio, como si al pensar que tú no estás en ella no habrá guerra».

Krisna le dice a Arjuna: «Debes encontrarte en un estado de dejarte llevar. Dile a la existencia: "Utilízame como quieras. Estoy a tu disposición, incondicionalmente a tu disposición". Entonces, pase lo que pase a través de ti será completamente auténtico. Tendrá intensidad, tendrá profundidad. Tendrá el efecto de lo eterno».

Jesucristo dice: «Recuerda que los primeros en este mundo serán los últimos en el reino de los cielos, y que los últimos serán los primeros». Os ha dado la ley fundamental, os ha dado la ley eterna, inagotable: no intentes ser el primero. Pero recuerda una cosa, que puede suceder, porque la mente es tan astuta que puede deformar la verdad. Puedes empezar a intentar ser el último, pero entonces resulta que no has entendido nada. Entonces empieza otra competición: «Tengo que ser el último», y si alguien dice: «Yo soy el último», vuelve a comenzar la lucha, el conflicto.

Conozco una parábola sufí:

Un día, Nadirsha, un gran emperador, estaba rezando. Eran las primeras horas de la mañana; aún no había salido el sol y estaba oscuro. Nadirsha estaba a punto de iniciar otra conquista, de otro país, y naturalmente, quería que Dios lo bendijera para su victoria. Le decía a Dios: «Yo no soy nadie, solo un siervo, un siervo de tus siervos. Dame tu bendición. Voy a trabajar por ti; esta victoria es tuya. Pero recuerda que yo no soy nadie. Solo soy un siervo de tus siervos».

A su lado había un sacerdote, ayudándolo en sus rezos, actuando como mediador entre Dios y él. Y de pronto oyeron otra voz en la oscuridad. También estaba rezando un mendigo de la ciudad, que le decía a Dios: «Yo no soy nadie. Solo un siervo de tus siervos».

El rey dijo:

«¡Habrase visto ese mendigo! Le está diciendo a Dios que no es nadie. ¡Basta de tonterías! ¿Quién eres tú para decir que no eres nadie? Yo no soy nadie, y nadie más puede asegurar eso. Yo soy el siervo de los siervos de Dios. ¿Quién eres tú para decir que tú eres el siervo de sus siervos?»

¿Lo comprendéis? La competición sigue ahí, la misma competición, la misma estupidez. Nada ha cambiado. El mismo cálculo: «Tengo que ser el último. No puedo consentir que nadie sea el último». La mente puede seguir jugando a estos juegos si no comprendes las cosas, si no eres muy inteligente.

Jamás intentes ser feliz a expensas de la felicidad de otro. Eso es feo, inhumano. Es violencia en el verdadero sentido de la palabra. Si piensas que vas a ser santo por condenar a los demás por pecadores, tu santidad no es sino un nuevo viaje del ego. Si te consideras puro por estar intentando demostrar que los demás son impuros... eso es lo que vuestros santos hacen sin cesar. No paran de alardear de su santidad, de su pureza. Ve a ver a vuestros llamados santos y míralos a los ojos. ¡Cómo te censuran! Dicen que estáis todos condenados al infierno; condenan a todos. Escucha sus sermones; todos sus sermones son de condena. Y por supuesto escuchas en silencio su condena porque sabes que has cometido muchos errores en tu vida, que tienes muchas faltas. Y lo han condenado todo, de modo que es imposible que pienses que puedes ser bueno. Te gusta la comida: eres un pecador. No te levantas temprano por las mañanas: eres un pecador. No te acuestas temprano por la noche: eres un pecador. Lo han puesto todo de tal manera que resulta muy difícil no ser pecador.

Sí, ellos no son pecadores. Ellos se acuestan temprano y se levantan temprano por la mañana. ¡Como no tienen nada más que hacer...! Nunca cometen errores porque nunca hacen nada. Se limitan a estar sentados, poco menos que muertos. Pero claro, si haces algo, ¿cómo vas a ser santo? De ahí que el santo lleve siglos renunciando al mundo y escapando del mundo, porque estar en el mundo y ser santo parece algo imposible.

En mi opinión, a menos que estés en el mundo tu santidad no tiene ningún valor. Has de estar en el mundo y ser santo. Hay que definir la santidad de una forma completamente distinta. No vivir a costa de los placeres de otros: eso es la santidad. No destruir la felicidad de otros, ayudar a otros a ser felices: eso es la santidad.

Crea el clima en el que todos puedan sentir un poco de alegría.

# La búsqueda

*Si vas en busca de la felicidad, hay algo seguro: que no vas a lograrla. La felicidad es siempre un derivado, no la consecuencia directa de una búsqueda.*

# La dualidad fundamental

೨⅏

L A MÁS IMPORTANTE de las preguntas entre todas las preguntas es la siguiente: ¿Qué es la verdadera felicidad? ¿Y existe la posibilidad de alcanzarla? ¿Es posible la verdadera felicidad, o es algo momentáneo? ¿Es la vida solo un sueño, o también existe algo sustancial en ella? La vida ¿comienza con el nacimiento y acaba con la muerte, o existe algo que trasciende estos momentos? Porque sin lo eterno no hay posibilidad de verdadera felicidad.

Con lo momentáneo, la felicidad será algo fugaz: en un momento aparece y al siguiente desaparece, y te quedas en la desesperación y la oscuridad.

Eso es lo que ocurre en la vida normal y corriente, en la vida de los que no han despertado. Hay momentos de dicha y momentos de sufrimiento; es una mezcla, un batiburrillo. No se pueden guardar los momentos de felicidad que se presentan. Se presentan porque sí y desaparecen porque sí; tú no los dominas. Y no puedes evitar los momentos de sufrimiento, porque también son algo persistente. Aparecen porque sí y desaparecen porque sí; tú eres una simple víctima. Y tú te sientes desgarrado entre las dos, la felicidad y la infelicidad. Nunca puedes sentirte en paz.

Este desgarramiento entre toda clase de dualidades... La dualidad de la felicidad y la infelicidad es la más fundamental y

la más sintomática, pero existen otras mil dualidades: la dualidad del amor y el odio, de la vida y la muerte, del día y la noche,
de la juventud y la vejez, y así sucesivamente. Pero la dualidad
fundamental, la que representa a todas las demás dualidades, es
la de la felicidad y la infelicidad. Y tú te sientes desgarrado,
arrastrado hacia direcciones completamente distintas. No puedes estar tranquilo; estás en medio de una enfermedad.

Según los Budas, el ser humano es una enfermedad. Esta
enfermedad es absoluta, ¿o se puede trascender?

Por consiguiente, la cuestión fundamental, básica es: ¿en
qué consiste la verdadera felicidad? No cabe duda de que la felicidad que conocemos no es la verdadera; es un sueño que
siempre se vuelve lo contrario. Lo que parece felicidad al momento siguiente se torna infelicidad.

Que la felicidad se vuelva infelicidad sencillamente viene a
demostrar que no son dos cosas distintas, sino que probable-
mente son las dos caras de una moneda. Y si tienes una cara de
la moneda, la otra cara siempre está detrás, oculta, esperando la
oportunidad de imponerse, y tú lo sabes. Cuando eres feliz, en
el fondo sabes que te acecha el miedo a que no vaya a durar, a
que tarde o temprano desaparecerá, que descenderá la noche,
que en cualquier momento te cubrirá la oscuridad, que esa luz
es imaginaria... No puede ayudarte, no puede llevarte hasta la
otra orilla.

Tu felicidad no es verdadera felicidad; solo una infelicidad
oculta. Tu amor no es amor sino solo una máscara del odio que
sientes. Tu compasión no es sino ira, cultivada, sofisticada, edu-
cada, civilizada, pero tu compasión no es sino ira. Tu sensibilidad no es verdadera sensibilidad, sino un simple ejercicio mental, la práctica de cierta actitud y de cierto enfoque.

Recuérdalo: se educa a la humanidad con la idea de que se
puede practicar la virtud, que se puede practicar la bondad, que

se puede aprender a ser feliz, que se puede llegar a ser feliz, que
está a tu alcance crear cierto carácter que te traerá la felicidad.
Y es todo falso, completamente falso.

Lo primero que hay que comprender es que la felicidad no
se puede practicar. Solo se puede permitir, porque no es algo
que tú creas. Crees lo que crees, será más pequeño que tú, mucho más pequeño que tú. Lo que tú crees no puede ser más
grande que tú. La pintura no puede ser más grande que el pintor, ni la poesía más grande que el poeta. Tu canción será más
pequeña que tú.

Si practicas la felicidad tú siempre estarás detrás, con todas
tus estupideces, con los viajes de tu ego, con tu ignorancia, con tu
caos mental. Con esa mente caótica no puedes crear un cosmos,
no puedes crear la gracia. La gracia siempre desciende del más
allá; hay que recibirla como un don, con enorme confianza, con
una entrega total. La verdadera felicidad se da en un estado de
dejarse llevar.

Pero nos han dicho que tenemos que triunfar, que ser ambiciosos. Se ha adiestrado nuestra mente para que sea la del triun-
fador. La educación, la cultura, la religión, todo está basado en
esa idea de que la persona tiene que ser ambiciosa; solo el ambicioso se realizará. Jamás ha ocurrido ni ocurrirá, pero la ignorancia es tan profunda que seguimos creyéndonos esas tonterías.

Ninguna persona ambiciosa ha sido jamás feliz; aún más: el
ambicioso es el más infeliz del mundo. Pero seguimos educan-
do a los niños para que sean ambiciosos: «Sé el primero, llega
a la cumbre y serás feliz». Pero ¿habéis visto a alguien en la
cumbre que además sea feliz? ¿Era feliz Alejandro Magno cuando conquistó el mundo? Fue uno de los hombres más infelices
que hayan vivido sobre la tierra. Al ver la dicha de Diógenes sintió envidia. ¿Sentir envidia de un mendigo?

Diógenes era un mendigo; por no tener, no tenía ni un platillo para las limosnas. Buda al menos tenía un platillo para las limosnas y tres túnicas. Diógenes iba desnudo, y sin platillo para las limosnas. Pero un día fue al río con un platillo. Tenía sed, hacía calor, y quería beber agua. Por el camino, al llegar a la orilla, pasó un perro corriendo, jadeante, se lanzó al río, se dio un buen baño y bebió agua hasta hartarse. A Diógenes se le ocurrió esta idea: «Ese perro es más libre que yo. No tiene que llevar un plato para las limosnas. Y si él puede arreglárselas sin plato, ¿por qué no voy a hacerlo yo? Esto es lo único que tengo, y siempre tengo que andar vigilándolo para que no me lo roben. Incluso por la noche tengo que tocar a tientas un par de veces para comprobar que no se lo han llevado». Arrojó el platillo al río y se inclinó ante el perro, para agradecerle el gran mensaje de la existencia que le había transmitido.

Ese hombre, que no tenía nada, le dio envidia a Alejandro. ¡Qué desdichado debía de ser! Alejandro le confesó a Diógenes:

—Si Dios me concede que vuelva a nacer, le pediré que, por favor, no me haga Alejandro, sino Diógenes.

Diógenes soltó una carcajada y llamó al perro (porque se habían hecho amigos y vivían juntos) y le dijo:

—Fíjate las tonterías que dice. En la siguiente vida quiere ser Diógenes. ¿Por qué en la siguiente vida? ¿Por qué retrasarlo? ¿Quién sabe nada de la próxima vida? Si incluso el próximo día es incierto, el momento próximo es incierto... ¿qué decir de la próxima vida? Si de verdad quieres ser un Diógenes, puedes serlo ahora mismo, aquí mismo. Tira tu ropa al río y olvídate de tanto conquistar el mundo. Esa es la mayor de las estupideces y tú lo sabes. Y has reconocido que eres desgraciado, has reconocido que Diógenes se encuentra en un estado mucho mejor, mucho más dichoso. Así que, ¿por qué no ser un Diógenes ahora mismo? Túmbate aquí, a la orilla del río, donde estoy tomando el sol. Hay sitio en la orilla para los dos.

Naturalmente, Alejandro no podía aceptar la invitación. Dijo:

—Gracias por la invitación. Ahora mismo no puedo, pero en la próxima vida...

Diógenes le preguntó:

—¿Adónde vas? ¿Y qué harás después de haber conquistado el mundo?

Alejandro contestó:

—Entonces descansaré.

Diógenes dijo:

—Pues me parece absurdo. Si es lo que yo estoy haciendo ahora mismo, descansar.

Si Alejandro Magno no era feliz, si Adolf Hitler no era feliz, si los Rockefeller y los Carnegie no son felices... Esas personas que tienen todo el dinero del mundo, si ellos no son felices, esas personas que tienen todo el poder del mundo... Solo hay que fijarse en quienes han tenido éxito en el mundo para renunciar a la idea del éxito. No hay mayor fracaso que el éxito. Aunque te hayan dicho que nada triunfa como el triunfo, yo te digo que nada fracasa tanto como el triunfo.

La felicidad no tiene nada que ver con el éxito. La felicidad no tiene nada que ver con el dinero, el poder, el prestigio. Es una dimensión completamente distinta. La felicidad tiene que ver con tu consciencia, no con tu carácter. He de recordaros que el carácter también es algo que se cultiva. Puedes llegar a santo, pero no serás feliz si tu santidad no es sino algo que has practicado. Así llegan las personas a santos. Católicos, jainistas, hindúes... ¿cómo llegan a santos? Lo practican todo al milímetro, cuándo levantarse, cuándo comer, cuándo no comer, cuándo acostarse...

# No el carácter sino la consciencia
❧

Yo NO CREO EN ABSOLUTO EN EL CARÁCTER. Deposito mi confianza en la consciencia. Si una persona se hace más consciente, su carácter se transforma. Pero esa transformación es completamente distinta: no está controlada por la mente; es algo natural, espontáneo. Y siempre que tu carácter es natural y espontáneo posee una belleza propia; en otro caso, ya puedes cambiar, ya puedes abandonar la ira, pero ¿dónde la abandonarás? Tendrás que dejarla en tu propia consciencia. Puedes cambiar una parte de tu vida, pero te desprendas de lo que te desprendas volverá a expresarse desde otro ángulo. Tiene que ser así. Puedes bloquear un arroyo con una roca; empezará a correr por otra parte, porque no puedes destruirlo. La ira existe en ti porque eres inconsciente, la avaricia existe en ti porque eres inconsciente, la posesión y la envidia existen porque eres inconsciente.

Así que no me interesa cambiar tu ira; sería como podar las ramas de un árbol con la esperanza de que el árbol desaparezca algún día. No sucederá; por el contrario, cuanto más lo podes más frondoso crecerá.

De ahí que vuestros llamados santos sean las personas más impuras del mundo, unos farsantes. Sí, vistos desde fuera parecen muy santos: demasiado santos, como sacarina, demasiado azucarados, empalagosos, repugnantes. Lo único que puedes hacer es presentarles tus respetos y marcharte corriendo. No puedes vivir con esos santos ni siquiera veinticuatro horas: ¡te morirías del aburrimiento! Cuanto más cerca de ellos, más perplejo y confundido te sentirás, porque empezarás a comprender que se han despojado de la ira por un lado, pero que ha entrado por otro lado de su vida.

La gente normal y corriente se enfada de vez en cuando, y esa ira es fugaz, momentánea. Después vuelven a reírse, vuelven a ser amables; las heridas no les duran mucho. Pero los llamados santos, con esos, la ira es casi permanente. Simplemente están enfadados, y por nada especial. Han reprimido tanto la ira que simplemente están enfadados, en un estado permanente de furia. Se verá en sus ojos, se verá en su nariz, en su cara, en su modo de vida.

Lu Ting comía en un restaurante griego porque el dueño, Papadopoulos, preparaba un arroz frito realmente bueno. Iba todas las noches y pedía «aloz flito».

Al oírlo, Papadopoulos se moría de la risa. A veces estaba con un par de amigos para que oyeran a Lu Ting pedir el «aloz flito». El chino se sintió tan herido en su orgullo que fue a una clase de fonética para aprender a pronunciar correctamente «arroz frito».

La siguiente vez que fue al restaurante dijo claramente:

—Arroz frito, por favor.

Sin dar crédito a lo que había oído, Papadopoulos preguntó:

—¿Qué ha dicho?

Lu Ting gritó:

—¡Lo has oído muy bien, gliego de mielda!

No hay mucha diferencia entre «aloz flito» y «gliego de mielda». Cierras una puerta e inmediatamente se abre otra. Así no se produce la transformación.

Cambiar tu carácter es fácil; la verdadera tarea consiste en cambiar tu consciencia, en hacerte consciente, más consciente, más intensa y apasionadamente consciente. Cuando eres consciente resulta imposible enfadarse, resulta imposible ser avaricioso, envidioso, ambicioso.

Y cuando desaparecen la ira, la ambición, la envidia, el sentimiento de posesión, el deseo, se desata toda la energía que los acompaña. Esa energía se transforma en dicha. Y entonces no llega del exterior, sino que ocurre en el interior de tu ser, en lo más recóndito de tu ser.

Y cuando accedes a esa energía te conviertes en un campo receptivo, en un campo magnético. Atraes el más allá... cuando te conviertes en un campo magnético, cuando se reúne, cuando se junta en tu interior toda la energía que desperdicias inútilmente en tu inconsciencia. Cuando te transformas en un lago de energía, empiezas a atraer a las estrellas, empiezas a atraer el más allá, el paraíso mismo.

Y el punto de encuentro de tu consciencia con el más allá es donde surge la dicha, la verdadera felicidad. No sabe nada de infelicidades; es pura felicidad. No sabe nada de la muerte; es pura vida. No sabe nada de la oscuridad; es pura luz, y saber es la meta. Buda Gautama iba en su busca y un día, tras seis años de lucha, lo logró.

Tú también puedes lograrlo, pero he de recordarte una cosa: al decir que puedes lograrlo yo no estoy despertando el deseo de que lo hagas. Simplemente constato un hecho: que si te conviertes en un estanque de inmensa energía, sin dejarte distraer por nada mundano, ocurre. Es más algo que ocurre que algo que se hace. Y es mejor llamarlo dicha que felicidad, porque la felicidad da la sensación de algo parecido a lo que conoces como felicidad. Lo que conoces como felicidad no es sino un estado relativo.

Benson fue a la tienda de Krantz a comprarse un traje. Encontró uno justo del estilo que quería; quitó la chaqueta de la percha y se la probó.

Krantz se le acercó y le dijo:

—Sí, señor. Le queda estupendamente.

—Pues me quedará estupendamente, pero no es mi talla. Me tira de los hombros.

—Póngase los pantalones —dijo Krantz—. Son tan estrechos que ya no se fijará en lo de los hombros.


Lo que llamáis felicidad es una cuestión relativa. Lo que los Budas llaman felicidad es algo absoluto. Vuestra felicidad es un fenómeno relativo. Lo que los Budas llaman felicidad es algo absoluto, sin relación con nadie más. No se compara con nadie más; es tuyo, es interior.

# En pos de los arco iris

###### ◇

LA CONSTITUCIÓN DE ESTADOS UNIDOS contiene una idea absurda. Dice que la búsqueda de la felicidad es un derecho inalienable del hombre. Los que redactaron esa constitución no tenían ni idea de lo que decían. Si la búsqueda de la felicidad es un derecho inalienable de la humanidad, ¿qué pasa con la infelicidad? ¿De quién es derecho inalienable la infelicidad? Esas personas no comprendían que si pides la felicidad, al mismo tiempo pides la infelicidad, y no tiene nada que ver que lo sepas o no.

Digo que es una idea absurda porque nadie puede buscar la felicidad. Y si vas en busca de la felicidad, hay algo seguro: que no la encontrarás. La felicidad es siempre un derivado, no el resultado directo de una búsqueda. Surge cuando ni siquiera estás pensando en ella, sin buscarla. Surge de repente, como si saliera de la nada, cuando estás haciendo algo distinto.

A lo mejor estás cortando leña, y desde luego, cuando cortas leña no vas en busca de la felicidad, pero al sol de la mañana, cuando aún hace fresco, con el ruido del hacha al chocar contra la madera... las virutas saltando por todas partes, el ruido y a continuación el silencio... Te pones a sudar, y la fresca brisa te refresca aún más. Y de repente, la felicidad, una alegría irrefrenable. Pero solo estabas cortando leña, y no es necesario incluir en la constitución el cortar leña como derecho inalienable, porque entonces, ¿cuántas cosas habría que incluir?

No se me olvidará un día en que... Hay cosas que no tienen lógica ni importancia pero que permanecen en el recuerdo. No comprendes la razón, porque han ocurrido miles de cosas mucho más importantes, mucho más significativas, y se te han olvidado. Pero unas cuantas cosas insignificantes... No sabes por qué, pero permanecen, te dejan huella.

Yo recuerdo una cosa así. Volvía a casa después del colegio, que estaba como a un kilómetro y medio de distancia. A mitad de camino había un enorme árbol *bodhi*. Pasaba junto a ese árbol todos los días, al menos cuatro veces: al ir al colegio, al volver a casa para comer, después otra vez al ir al colegio y otra vez al volver a casa. Había pasado junto al árbol miles de veces, pero ese día ocurrió algo.

Hacía mucho calor, y al aproximarme al árbol iba sudando. Al pasar bajo el árbol hacía tanto fresco que me quedé allí un rato, sin saber por qué, sin pensarlo. Me acerqué al tronco, me senté y lo toqué. No puedo explicar qué ocurrió pero me sentí inmensamente feliz, como si algo transpirase entre el árbol y yo. El frescor no podía ser la causa, porque había pasado muchas veces bajo el frescor del árbol mientras iba sudando. También me había detenido allí alguna vez, pero hasta entonces no se me había ocurrido tocar el tronco y sentarme como cuando te encuentras con un viejo amigo.

Ese momento sigue brillando como una estrella. En mi vida han ocurrido muchas cosas, pero la intensidad de ese momento no ha disminuido: aún la conservo. Siempre que lo recuerdo sigue ahí. Ni ese día comprendí con claridad lo que había ocurrido ni hoy puedo decirlo, pero algo ocurrió. Y a partir de ese día se estableció una relación con el árbol que no había notado hasta entonces, ni siquiera con un ser humano. Me hice más amigo de ese árbol que de nadie en el mundo. Para mí se convirtió en una costumbre: siempre que pasaba junto al árbol, me sentaba durante unos segundos o unos minutos y acariciaba el tronco. Aún lo veo, ese algo que iba desarrollándose entre nosotros.

El día que acabé el colegio y me trasladé a otra ciudad para entrar en la universidad, me despedí de mi padre, de mi madre, de mis tíos y de toda mi familia, sin llorar. Nunca he sido de los que lloran con facilidad. Pero ese mismo día lloré al despedirme del árbol *bodhi*. Sigue siendo como un faro. Y mientras lloraba, tuve la absoluta certeza de que el árbol tenía lágrimas en los ojos, aunque yo no podía ver ni sus ojos ni sus lágrimas. Pero sí podía sentir... Cuando acaricié el tronco del árbol noté su tristeza, y que me decía adiós, que me daba su bendición. Y fue mi último encuentro con él, porque cuando volví, al cabo de un año, por alguna absurda razón lo habían derribado y se lo habían llevado.

La absurda razón era que estaban erigiendo una pequeña columna conmemorativa, en el sitio más bonito del centro de la ciudad. Era para un idiota con suficiente dinero como para ganar todas las elecciones y ser presidente del comité municipal. Llevaba de presidente al menos treinta y cinco años, más tiempo del que nadie había durado como presidente. Todo el mundo estaba encantado de que fuera presidente por su idiotez; podías hacer lo que quisieras, que él no se metía. Podías edificar tu casa en mitad de la calle; a él le daba igual con tal de que lo votaras. Así que toda la ciudad estaba encantada con él porque todos tenían esa libertad. Los miembros del comité municipal, los empleados, todos estaban contentos con él. Todos querían que siguiera siendo presidente eternamente, pero por suerte, incluso los idiotas tienen que morir. Sin embargo su muerte fue una desgracia porque buscaron un sitio para erigirle una columna conmemorativa y talaron el árbol. Ahora hay una piedra de mármol en lugar de un árbol vivo.

La búsqueda de la felicidad es algo imposible. Si examinas tu propia experiencia encontrarás muy escasos momentos de felicidad: quizá en una vida de setenta años hayas vivido siete momentos que pueden considerarse felices. Pero si has tenido incluso un solo momento de felicidad, hay una cosa cierta, sin excepciones: que surgió cuando no la estabas buscando.

Intenta encontrar la felicidad, pero ten por seguro que no lo lograrás.

No estoy de acuerdo con Jesucristo en muchos puntos, incluso en puntos que parecen muy inocentes, aunque pueda parecer cruel. Jesucristo dice: «Busca, y hallarás. Pide, y te será dado. Llama, y se te abrirán las puertas». No estoy de acuerdo.

Desde luego, los imbéciles que redactaron la constitución de Estados Unidos estaban influidos por Jesucristo; eran todos cristianos. Cuando hablan de «la búsqueda de la felicidad», debían de tener en mente, consciente o inconscientemente, las palabras de Jesucristo: «Busca y hallarás». Pero yo os digo: busca, y ten por seguro que nunca encontrarás. No busques, y ahí lo tienes.

Deja de buscar, y lo habrás encontrado, porque buscar supone un esfuerzo de la mente, y no buscar significa un estado de relajación. Y la felicidad solo es posible cuando estás relajado.

El que busca no está relajado. ¿Cómo va a estarlo? No puede permitírselo. Te sorprenderás si miras por el mundo: encontrarás personas más satisfechas incluso en países muy pobres. Sí, incluso en Etiopía, donde se mueren de hambre, encontrarás a personas que se están muriendo, pero sin sufrimiento ni angustia. En Estados Unidos encontrarás el mayor número de personas infelices. Es extraño. En Estados Unidos, la búsqueda de la felicidad es un derecho inalienable, algo que no se menciona en la constitución de ningún otro país del mundo.

La constitución estadounidense es una verdadera locura. ¿«Búsqueda de la felicidad»? Nadie lo ha logrado jamás, y los que lo han intentado han llevado una vida desdichada e infeliz.

La felicidad ocurre sin más. No es algo que se pueda controlar, ni fabricar, ni disponer. La felicidad es algo que está fuera de tu alcance, que supera tus esfuerzos. Pero cuando cavas un agujero en tu jardín, si estás completamente absorto en la tarea, si te olvidas del mundo entero, incluyéndote a ti mismo, aparece.

La felicidad siempre te acompaña. No tiene nada que ver con el tiempo que haga, no tiene nada que ver con cortar leña, ni con cavar un agujero en el jardín. La felicidad no tiene nada que ver con nada. Es simplemente el estado de despreocupación, de relajación de tu ser con la existencia. Y está ahí; no va y viene. Está siempre ahí, como tu respiración, como el latido de tu corazón, como la circulación de la sangre por tu cuerpo.

La felicidad está siempre ahí, pero si la buscas encontrarás la infelicidad. Si la buscas se te escapará; en eso consiste la infelicidad, en que se te escape la felicidad. La infelicidad mantiene cierta relación con la búsqueda, una asociación. Si «buscas», encontrarás la infelicidad. Y la constitución de Estados Unidos ha dado la idea a todos los ciudadanos de ese país de que deben «buscar».

Y buscan desesperadamente —dinero, poder, religión—, y recorren el mundo entero intentando encontrar a alguien que les enseñe a encontrar la felicidad.

Lo que hay que hacer es volver a casa y olvidarse del asunto. Haced otra cosa, que no tenga nada que ver con la felicidad. Pintad. No hace falta aprender a pintar. ¿No puedes poner colores sin más en un lienzo? Hasta un niño puede hacerlo. Pon colores sobre un lienzo y a lo mejor te sorprende: no eres pintor, pero ocurre algo maravilloso. Los colores se mezclan de cierta manera y crean algo que no puedes definir.

Los cuadros modernos no llevan título, y muchos cuadros ni siquiera están enmarcados, porque la existencia no puede enmarcarse. Si miras el cielo desde una ventana, ves el cielo enmarcado, pero el marco es de la ventana, no del cielo; el cielo no tiene marco. Hay pintores que ni siquiera pintan sobre lienzos; pintan en la pared, en el suelo, en el techo. Son sitios raros, pero yo comprendo su enfoque. No quieren hacer un cuadro; lo que les interesa es participar en el acto mismo de pintar. No es para ponerlo a la venta. ¿Cómo vas a vender un techo, y quién va a comprarlo? Pero mientras están absortos, algo empieza a deslizarse hacia su ser, desde un rincón desconocido. Empiezan a sentirse alegres, sin ninguna razón concreta.

Por eso condeno la idea de la búsqueda. Sin conocer su nombre, sin saber nada de él, puedo decir que quien escribió la palabra «búsqueda» en la constitución debía de ser un hombre muy desgraciado. No había conocido la felicidad. La había buscado; por consiguiente, intentó darles a todos los ciudadanos estadounidenses el mismo derecho inalienable que reclamaba para sí. Y nadie lo ha criticado durante trescientos años; así de claro.

Un poeta, un pintor, un cantante, un bailarín... Sí; ellos pueden alcanzar la felicidad de vez en cuando. Pero hay algo que ocurre siempre: que cuando surge la felicidad, ellos no están allí. El buscador no está allí; la búsqueda no está allí.

Nijinski, uno de los bailarines más importantes del mundo, de la historia del baile... En mi opinión, es el mejor bailarín que ha dado la humanidad. Era un auténtico milagro de la danza. De vez en cuando daba un salto tan prodigioso que desafiaba las leyes de la gravedad; era imposible, científicamente imposible. Semejante salto, tan enorme, era absolutamente imposible según las leyes de la gravedad. Ni los atletas que compiten en la prueba de salto de longitud de los Juegos Olímpicos pueden compararse con Nijinski cuando daba esos saltos. Y era aún más milagroso cómo descendía: volvía al suelo como una pluma, lentamente. Eso contradecía aún más las leyes de la gravedad, porque con la gravedad el peso de un cuerpo humano cae de repente, rápidamente. Lo normal es caer de golpe, incluso fracturarte algún hueso. Pero él descendía como cae una hoja muerta de un árbol: lenta, perezosamente, sin prisas, porque no hay ningún sitio al que llegar. O mejor dicho, como una pluma, porque una hoja cae un poco más rápido. Una pluma de ave es ligera, muy ligera: simplemente baila. Así bajaba hasta el suelo Nijinski. Cuando tocaba el escenario con los pies no se oía ni un ruido.

Le preguntaron una y otra vez: «¿Cómo lo hace?».

Y él respondía: «No lo hago yo. He intentado hacerlo, pero siempre que lo intentaba no salía. Cuanto más lo intentaba, más me daba cuenta de que no era algo que yo pudiera controlar. Poco a poco fui dándome cuenta de que ocurre cuando no lo intento, cuando ni siquiera estoy pensando en ello. Cuando ni siquiera estoy allí, de repente me doy cuenta de que allí está, de que está ocurriendo. Y cuando me pongo a pensar en cómo ha ocurrido, ya no está allí, ya se ha ido, y estoy otra vez en el suelo».

Este hombre sabe que no se puede buscar la felicidad. Si Nijinski hubiera formado parte de la comisión encargada de redactar la constitución estadounidense, se habría opuesto a esa palabra y habría dicho que «búsqueda» era un despropósito. Habría que decir que la felicidad es un derecho inalienable, pero no su búsqueda. No es como el cazador que va en busca de su presa. Entonces te pasarías la vida corriendo, persiguiendo sombras, sin llegar jamás a ninguna parte. Se te pasará la vida y la habrás desperdiciado por completo.

Pero la mente estadounidense tiene esa idea, y «buscan» en

todas las esferas: la política, la economía, la religión. Los estadounidenses no paran, siempre van corriendo, y muy rápido, porque, ya que tienes que ir, ¿por qué no hacerlo rápido? Y no hay que preguntar adónde vas, porque nadie lo sabe. Hay algo seguro: que van a toda velocidad, a toda la velocidad que pueden mantener, que pueden adquirir. ¿Qué más hace falta? Vas, vas a toda velocidad. Estás ejerciendo tu derecho inalienable.

Así se pasa de una mujer a otra y a otra, de un hombre a otro y a otro, de un negocio a otro, de un trabajo a otro... todo en busca de la felicidad. Y curiosamente, siempre se tiene la impresión de que la felicidad está ahí mismo y de que hay otro disfrutando de ella, de modo que tú te pones a buscarla. Cuando llegas adonde crees que vas a encontrarla, no está allí.

Nadie está contento con su suerte; la del vecino es mejor. Pero no te metas en casa del vecino para comprobarlo. ¡Disfruta de lo que tienes! Si tu vecino tiene más suerte que tú, disfrútalo. ¿Por qué destruir las cosas pasando a casa de tu vecino para descubrir que tiene peor suerte que tú?

Pero la gente corre detrás de todo, pensando que a lo mejor así conseguirán lo que se han perdido.

Nada te ayudará. Puedes vivir en un palacio, pero serás tan desdichado, o quizá más, que si vivieras en una vieja choza. En la choza al menos tendrías el consuelo de que eres desdichado porque vives en una choza vieja y espantosa. Así tendrías una excusa; podrías explicar tu desdicha, tu miseria, tu sufrimiento. Y también tendrías la esperanza de conseguir una casa mejor; si no un palacio, al menos una casita decente, bonita, tuya.

Es la esperanza lo que mantiene vivas a las personas, y son sus excusas y sus explicaciones lo que las impulsa a intentarlo una y otra vez. Es la filosofía de Estados Unidos: intentar, intentarlo una y otra vez. Pero existen unas cuantas cosas que no se logran a base de intentarlo, que solo ocurren cuando estás completamente harto de tentativas. Te dices: «Ya está bien. No pienso volver a intentarlo».

Así le sobrevino la iluminación a Buda Gautama.

Debió de ser el primer estadounidense, porque iba en busca de la felicidad. Por esa búsqueda pasó de su reino. Fue pionero en muchos sentidos; el primer pasota, por ejemplo. Vuestros hippies no eran tan pasotas. Para pasar de algo, en primer lugar hay que tener algo de lo que pasar. Buda lo tenía, y más de lo que haya tenido jamás ningún hombre. Estaba rodeado por las mujeres más hermosas del reino. De modo que no dejó de cumplir ninguno de sus deseos: tenía lo mejor, comida, cientos de criados, enormes jardines.

Buda dijo: «Renuncio a todo. Aquí no he encontrado la felicidad. Voy a buscarla, iré en pos de ella, haré cuanto sea necesario para encontrar la felicidad».

Y durante seis años Buda hizo todo lo que se puede hacer. Acudió a toda clase de maestros, profesores, eruditos, sabios, santos... Y en India hay tantos que no hace falta buscar mucho; están por todas partes. Si no los buscas tú, te buscarán ellos. Y sobre todo en la época de Buda estaban en la cresta de la ola. Pero tras seis años de tremendos esfuerzos, de penurias, ayunos y posturas de yoga, no había ocurrido nada. Y un día...

El Niranjana es un río pequeño, sin mucha profundidad. Buda estaba ayunando, sometiéndose a toda clase de penurias y tormentos, y estaba tan débil que cuando fue a bañarse al río no pudo atravesarlo. El Niranjana es pequeño, pero Buda estaba tan débil que solo gracias a que se aferró a la raíz de un árbol que colgaba junto a la orilla logró mantenerse en pie; si no, el río lo habría arrastrado. Aferrado a la raíz se le ocurrió una idea: «Esos sabios dicen que la existencia es como un océano. Si la existencia es un océano, lo que estoy haciendo no tiene sentido, porque si no puedo cruzar este riachuelo, el Niranjana, ¿cómo voy a cruzar el océano de la existencia? He estado perdiendo el tiempo con todo lo que he hecho, he malgastado mi vida, mi energía, mi cuerpo». Logró salir del río y, olvidándose de todos los esfuerzos, se sentó bajo el árbol.

Aquella noche —había luna llena— durmió bien por primera vez desde hacía seis años, porque no había nada que hacer, ningún sitio al que ir al día siguiente. No tenía que practicar nada, que ejercitar nada... Al día siguiente ni siquiera tenía que levantarse temprano, antes del amanecer. Podía dormir cuanto quisiera. Por primera vez se sintió libre de tanto esforzarse, de buscar, de indagar.

Por supuesto, durmió como nunca, relajado, y por la mañana, al abrir los ojos, empezaba a desaparecer la última estrella. Se cuenta que con la última estrella también desapareció Buda. Toda una noche de descanso, de paz, sin futuro, sin metas, sin nada que hacer... Había dejado de ser estadounidense. Tumbado, sin prisas ni siquiera para levantarse, comprendió que aquellos seis años parecían una pesadilla. Pero ya había pasado. La estrella desapareció, y desapareció Siddharta.

Esa fue la experiencia de la dicha, de la verdad, de la trascendencia, de todo lo que llevas tanto tiempo buscando pero no has encontrado porque has estado buscando. Ni siquiera los budistas han llegado a comprender la importancia de esta historia. Es lo más significativo de la vida de Buda Gautama. Nada puede compararse con esta historia.

Pero a lo mejor os sorprende... Yo no soy budista y no estoy de acuerdo con Buda en miles de cosas, pero soy la primera persona que se ha fijado en esta historia durante veinticinco siglos, que se ha centrado en esta historia, porque fue cuando se produjo el despertar de Buda. Pero los sacerdotes y los monjes budistas ni siquiera pueden contar esta historia, porque si lo hacen, ¿para qué sirven ellos? ¿Qué hacen? ¿Qué enseñan, qué ejercicios, qué oraciones? Naturalmente, si cuentas que eso fue lo que le ocurrió a Buda cuando se dejó de estupideces religiosas, la gente se preguntará: «Entonces ¿por qué nos enseñáis esas estupideces de la religión? ¿Para que un día de estos pasemos de ellas? Y si al final tenemos que pasar de ellas, ¿para qué empezar?».

Resultaría difícil convencer a los sacerdotes; su negocio, su profesión, se irían al garete.

La dicha también nos llega así. La verdad también nos llega así, exactamente igual. Solo tienes que sentarte, sin hacer nada, esperando —no a Godot, sino simplemente esperando; nada en concreto, sino simplemente esperando, en un estado de espera— y sucede.

Y ese acontecimiento se llama felicidad.

# Las raíces de la desdicha

ꕥ

EL HOMBRE ES DESDICHADO desde hace siglos. Raramente se encontrará a un ser humano que no viva en la desdicha. Es algo tan raro que casi parece increíble. Por eso mucha gente no cree que existieran seres humanos como Buda. La gente no se lo puede creer, y no se lo puede creer por su propia desdicha. Es tal su desdicha, y están tan metidos en ella que no ven ninguna salida.

La gente piensa que los Budas deben de ser algo imaginario, que las personas como Buda Gautama son sueños de la humanidad. Eso es lo que dice Sigmund Freud, que las personas como Buda son «satisfacciones del deseo». Queremos ser así, queremos salir del sufrimiento, nos gustaría disfrutar de ese silencio, esa paz, de esa bendición, pero no nos ha ocurrido. Y Freud dice que no hay esperanza, que no puede ocurrir por la naturaleza misma de las cosas. El hombre no puede ser feliz.

Hay que escuchar a Freud en profundidad, con mucha atención; no se le puede rechazar sin más. Es una de las mentes más agudas que hayan existido jamás, y cuando dice que la felicidad es imposible, que esperar la felicidad es esperar lo imposible, lo dice en serio. Esta conclusión no es la de un filósofo. Llegó a esa conclusión tras su estudio del sufrimiento humano. Freud no era pesimista, pero al estudiar a miles de seres humanos, al profundizar en su psique, comprendió que el hombre está hecho de

tal manera que sigue un proceso intrínseco para ser desdichado. En el mejor de los casos puede sentirse cómodo, pero jamás
en éxtasis. En el mejor de los casos puede mejorar un poco la
vida —mediante la tecnología, mediante los cambios sociales,
una economía distinta y otras cosas—, pero seguirá siendo desgraciado. ¿Cómo podía creer Freud que existiera una persona
como Buda? Tal serenidad parece un sueño: la humanidad ha
soñado con Buda.

Se tiene esta idea porque Buda es raro, excepcional. No es la
norma.

¿Por qué ha vivido el ser humano entre tanto sufrimiento?
Y lo milagroso es que todo el mundo quiere ser feliz. No conocerás a una sola persona que quiera ser desgraciada; sin
embargo, todo el mundo lo es. Todos quieren ser felices, dichosos, vivir en paz, en silencio. Todo el mundo desea vivir con alegría, festejando la vida, pero parece imposible. Debe de existir
una causa profunda, tan profunda que el análisis freudiano no
puede llegar hasta ella, que la lógica no puede penetrar en ella.

Hay que comprender algo fundamental. El ser humano desea la felicidad; por eso es desdichado. Cuanto más desees ser
feliz, más desdichado serás. Parece absurdo, pero es la causa
fundamental. Y cuando comprendas el proceso del funcionamiento de la mente humana lo entenderás.

El ser humano desea ser feliz, y por eso crea la desdicha. Si
quieres salir de esa desdicha, tendrás que abandonar tu deseo
de felicidad; así nadie podrá hacerte desdichado. Ahí es donde
falla Freud. No comprendió que el deseo mismo de felicidad
puede ser la causa del sufrimiento.

¿Cómo ocurre esto? En primer lugar, ¿por qué deseas la felicidad? ¿Y qué te produce ese deseo de felicidad?

En el mismo momento en que empiezas a desear la felicidad,
te alejas del presente. Te alejas de lo existencial, te trasladas al

futuro, que no está en ninguna parte, que aún no ha llegado. Te metes en un sueño. Cierto que los sueños pueden resultar muy satisfactorios. Tu deseo de felicidad es un sueño, y el sueño es irreal. Nadie puede llegar a lo real por mediación de lo irreal. Te has equivocado de tren.

El deseo de felicidad simplemente demuestra que no eres feliz en este momento. El deseo de felicidad simplemente demuestra que eres una persona infeliz. Y una persona infeliz proyecta en el futuro que alguna vez, algún día, será feliz. Esa proyección procede de la desdicha, lleva en sí las semillas mismas de la desdicha. Es algo que sale de ti; no puede ser algo distinto de ti. Es tu hijo: su cara será como la tuya; tu sangre circulará por su cuerpo. Será tu continuidad.

Hoy eres infeliz. Proyectas que el mañana será feliz, pero ese mañana es una proyección tuya, de lo que eres hoy. Eres infeliz; el mañana surgirá de esa infelicidad y serás aún más infeliz. Y naturalmente, con tanta infelicidad volverás a desear más felicidad futura. Te verás atrapado en un círculo vicioso: cuanto más infeliz eres, más desearás la felicidad; cuanto más desees la felicidad, más infeliz serás. Es como la pescadilla que se muerde la cola.

En el zen tienen una frase para eso. Dicen que es como dar latigazos al carro. Si los caballos no andan y le das latigazos al carro, no te servirá de nada. Si te sientes desdichado, cualquier cosa que sueñes, cualquier cosa que proyectes, te producirá más desdicha.

De modo que lo primero que hay que tener en cuenta es no soñar, no proyectar. Lo primero es estar aquí y ahora. Sea lo que fuere, tienes que estar aquí y ahora, y entonces se producirá una revelación formidable.

Esa revelación consiste en que nadie puede ser infeliz en el aquí y el ahora.

¿Te has sentido alguna vez desgraciado en el aquí y el ahora? En este mismo momento... ¿existe alguna posibilidad de que te sientas desgraciado *ahora mismo*? Si piensas en el día de ayer te puedes sentir desgraciado. Si piensas en el día de mañana puedes sentirte desgraciado. Pero en este mismo momento... en este momento palpitante, vibrante, real... ¿puedes sentirte desgraciado? ¿Sin pasado y sin futuro?

Puedes extraer la infelicidad del pasado, de los recuerdos. Ayer alguien te insultó y aún te sientes herido, y te sientes mal por eso. ¿Por qué? ¿Por qué te pasó eso? ¿Por qué te insultó esa persona? Te has molestado tanto por esa persona, siempre has intentado ayudarla, como un amigo... ¡y va y te insulta! Estás jugando con algo que ya no existe. El ayer se ha ido.

O puedes sentirte mal por el día de mañana. Mañana no tendrás dinero... ¿adónde irás? ¿Qué comerás? Mañana no tendrás dinero... y ahí entra en juego la infelicidad. O viene del día de ayer o del día de mañana, pero nunca del ahora y el aquí. En este mismo momento, ahora, la infelicidad es imposible.

Si has logrado aprender todo esto, puedes ser un Buda. Entonces nadie obstaculizará tu camino. Entonces podrás olvidarte de todos los Freud del mundo, entonces la felicidad no es solo posible, sino que ya se ha dado. La tienes delante de ti y no te das cuenta porque sigues mirando hacia los lados.

La felicidad está donde tú estés: dondequiera que estés, ahí está la felicidad. Está a tu alrededor, es un fenómeno natural. Es como el aire, como el cielo. La felicidad no es algo que haya que buscar; es la materia misma del universo. La alegría es la materia misma del universo. Pero tienes que mirar lo que está delante de ti, lo inmediato. Si miras hacia los lados, se te escapará. Se te escapa por tu culpa, porque no lo enfocas como es debido.

Pero mata el pasado, no pienses en el futuro e intenta ser

desgraciado: no lo conseguirás. No puedes ser desgraciado; seguro que no lo consigues; es algo predecible. No lo conseguirás; por muy diestro que seas en el sufrimiento, por muy entrenado que estés, no puedes crear la desdicha en este mismo momento.

Desear la felicidad te ayuda a mirar a otra parte, y así se te seguirá escapando. La felicidad no es algo que se crea; la felicidad es algo que se ve. Ya está. En este mismo momento puedes ser feliz, tremendamente feliz.

Eso le ocurrió a Buda. Era hijo de un rey, lo tenía todo, pero no era feliz. Era cada día más infeliz; cuanto más tienes, más infeliz eres. Esa es la desgracia del rico. Eso es lo que ocurre actualmente en Estados Unidos: cuanto más ricos, más infelices; cuanto más ricos, menos saben qué hacer.

Los pobres siempre saben lo que tienen que hacer: ganar dinero, construirse una buena casa, comprar un coche, mandar a sus hijos a la universidad. Siempre tienen un programa, siempre están ocupados. Tienen un futuro, tienen esperanza: «Uno de estos días...». Siguen sumidos en la desdicha, pero tienen esperanza.

El rico es desdichado, pero también ha desaparecido la esperanza. Sufre por partida doble. No encontrarás hombre más pobre que el rico; es doblemente pobre. Se mantiene proyectado en el futuro, y sabe que el futuro no le va a proporcionar nada, porque todo lo que necesita ya lo tiene. Se preocupa, se angustia, se inquieta. Es pura angustia. Eso es lo que le ocurrió a Buda.

Era rico. Tenía todo lo que es posible tener. Se sentía muy desgraciado. Un día se escapó de su palacio, abandonó todas sus riquezas, a su bellísima esposa, a su hijo recién nacido... Huyó. Empezó a buscar la felicidad. Fue a ver a este gurú y al otro; preguntó a todo el mundo qué tenía que hacer para ser feliz... y por supuesto, había miles de personas dispuestas a aconsejarlo, y siguió el consejo de todos. Y cuanto más seguía sus consejos, más confuso se sentía.

Buda intentó todo lo que le dijeron. Si alguien le decía: «Haz *hatha* yoga», se hacía yogui del yoga físico. Hacía las posturas del yoga, forzándolas hasta el extremo. No consiguió nada. Puedes mejorar tu cuerpo con el *hatha* yoga, pero no conseguirás ser feliz. Un cuerpo mejor, más sano, no significa gran cosa. Con más energía dispondrás de más energía para ser infeliz... y serás infeliz. ¿Qué harás con eso? Harás lo que puedas. Si tienes más dinero, ¿qué harás con él? Harás lo que puedas, y si un poco de dinero te hace infeliz, más dinero te hará aún más infeliz. Es una simple cuestión de aritmética.

Buda dejó el yoga. Acudió a otros maestros, a los yoguis *raya*, que no enseñan posturas corporales sino mantras, cánticos, meditaciones. También lo hizo, y no consiguió nada. Estaba buscando de verdad. Cuando buscas de verdad nada puede ayudarte; no hay remedio.

Los mediocres se paran a medio camino; en realidad no buscan. Quien busca de verdad es el que va hasta el final mismo de la búsqueda y llega a la conclusión de que toda búsqueda carece de sentido. La búsqueda misma es una forma de deseo; Buda lo reconoció un día. Había abandonado su palacio, todas sus posesiones materiales, y un día, tras seis años de búsqueda espiritual, lo dejó todo. Ya había dejado la búsqueda material, y entonces dejó la búsqueda espiritual. Antes había dejado este mundo; después también dejó el otro mundo.

Se había liberado por completo del deseo... y ocurrió en ese mismo momento. En aquel mismo momento recibió la bendición. Sin deseo, sin esperanza, una vez abandonado todo, Siddharta Gautama se transformó en Buda. Siempre había estado allí, pero él estaba buscando por otros lados. Estaba allí, dentro, fuera, como está hecho el universo. Es dichoso, es verdadero, es divino.

# DE LA AGONÍA AL ÉXTASIS

*La alegría significa entrar en tu ser. Al principio resulta difícil, arduo. Al principio tendrás que enfrentarte con el sufrimiento; el camino es muy duro. Pero cuanto más te internes en él, mayor será la recompensa.*

# Comprender es la clave

❧

HAY QUE COMPRENDER UNA COSA: que la iluminación no significa huir del dolor, sino comprender el dolor, comprender tu angustia, tu sufrimiento; no es una tapadera, ni un sustituto, sino una profunda comprensión: «¿Por qué soy tan desgraciado, por qué tanta angustia, tanta tensión, cuáles son las causas de que yo mismo cree todo esto?». Y ver claramente esas causas equivale a librarse de ellas.

Comprender tu sufrimiento te libera de ese sufrimiento, y lo que queda es la iluminación. La iluminación no te llega así como así. Viene cuando se han comprendido perfectamente el dolor, la desdicha, la angustia y la tensión y se han evaporado porque ya existe causa alguna para que sigan existiendo en ti: ese estado es el de la iluminación. Por primera vez en tu vida te proporcionará verdadera satisfacción, verdadera dicha, verdadero éxtasis. Y solo entonces podrás comparar.

Lo que denominabas «satisfacción» no era satisfacción. Lo que llamabas «felicidad» no era felicidad. Pero ahora mismo no tienes nada con qué compararlo.

Cuando la iluminación te permita conocer un poco de lo real, verás que todos tus placeres, toda tu felicidad eran simplemente sueños, que no eran reales. Y lo que ha llegado ahora se quedará para siempre.

Esa es la definición de lo real: una satisfacción que cuando llega no se va. Una satisfacción que viene y se va no es satisfacción; es simplemente un intervalo entre dos desdichas. Igual que llamamos «período de paz» al intervalo entre dos guerras, que no es en absoluto un período de paz, sino la preparación para otra guerra. Si la guerra es positiva, el período entre dos guerras es una guerra negativa, una guerra fría. Funciona soterradamente; estamos preparándonos para una guerra en toda regla.

Todo lo que viene y se va es un sueño. Vamos a definirlo así: todo lo que viene y no se va es real.

Intenta comprender tu sufrimiento. Vívelo, profundiza en él, averigua la causa, por qué está ahí. Que la comprensión sea tu forma de meditación.

Y trata de comprender tu satisfacción también, tu felicidad, y verás lo superficial que es. Una vez que sepas que tu felicidad es superficial y tu angustia muy profunda —y es algo que tienes en tus manos—, podrás cambiar el funcionamiento de tu consciencia. Tu satisfacción puede convertirse en tu ser entero, sin siquiera un rinconcito para la insatisfacción.

Tu amor se convierte en tu vida entera. Y se mantiene. Pasa el tiempo, pero lo que has logrado sigue haciéndose más profundo. De él brotan sin cesar flores y cantos. Eso es lo que llamamos iluminación. Es una palabra de Oriente, pero la experiencia no tiene nada que ver ni con Oriente ni con Occidente.

# Pan y círcos

ॐ

LO QUE NORMALMENTE CONSIDERAMOS ALEGRÍA no es tal alegría; en el mejor de los casos podemos llamarlo entretenimiento. Es simplemente una forma de evitarte a ti mismo. Es una forma de intoxicarte, de sumergirte en algo para olvidarte de tu sufrimiento, de tus preocupaciones, de tu angustia.

Se piensa que todo tipo de entretenimiento te trae alegría, pero no es así. Todo lo que venga de fuera no es alegría, ni puede serlo. Todo lo que depende de algo no es ni puede ser alegría. La alegría surge de tu interior. Es algo completamente independiente de las circunstancias externas. Y no es una huida de sí mismo; es encontrarse consigo mismo. La alegría surge únicamente cuando vuelves a casa.

De modo que lo que se suele llamar alegría es justo lo contrario, lo diametralmente opuesto: no es alegría. En realidad buscas diversiones porque no estás alegre.

Máximo Gorki, uno de los grandes novelistas rusos, fue a América. Le enseñaron un montón de cosas que habían inventado los americanos para divertirse, para olvidarse de sí mismos. El guía de Gorki esperaba que le encantara todo aquello. Pero cuanto más le enseñaban a Gorki, más triste parecía.

El guía le preguntó:

—¿Qué ocurre? ¿No lo entiende?

Gorki dijo:

—Lo entiendo... y por eso estoy triste. Parece que en este país no existe la alegría, porque si no, no necesitarían tantas diversiones.

Solo las personas tristes necesitan diversiones. Cuanto más triste se hace el mundo, más necesitamos la televisión, las películas, las ciudades de oropel y tantas y tantas cosas. Cada día necesitamos más el alcohol, cada día necesitamos más clases de drogas, para evitar la desdicha en la que vivimos, para no enfrentarnos a la angustia en la que vivimos, para olvidarlas. Pero olvidando no se consigue nada.

La alegría tiene que entrar en tu ser. Al principio resulta difícil, arduo. Al principio tendrás que enfrentarte al sufrimiento. El camino es montañoso, pero cuanto más te adentres en él, mayor será la compensación, mayor la recompensa.

Una vez que hayas aprendido a enfrentarte a la desdicha, empezarás a sentirte alegre, porque por el hecho de enfrentarte empieza a desaparecer la desdicha y tú empiezas a integrarte.

Un día tienes ante ti la desdicha y te enfrentas a ella, y de repente, se produce el cambio: ves la desdicha como algo distinto de ti, como algo ajeno a ti; era una simple ilusión, una identificación en la que te habías metido. Ahora sabes que no eres eso, y se produce un estallido de alegría, una explosión de alegría.

# El éxtasis es rebelde

۞

TODO NIÑO NACE EXTÁTICO. El éxtasis es algo natural. No es algo que les ocurra solamente a los grandes sabios. Es algo que todos traemos al mundo; todos venimos con él. Es el núcleo mismo de la vida, forma parte del hecho de estar vivo. La vida es éxtasis. Todo niño lo trae al mundo, pero después la sociedad se lanza sobre el niño, empieza a destruir la posibilidad del éxtasis, empieza a hacer que el niño se sienta desgraciado, a condicionarlo.

La sociedad está neurótica y no puede consentir que vivan en ella las personas extáticas. La ponen en peligro. Hay que intentar comprender el mecanismo, y las cosas resultarán más fáciles.

No se puede controlar a una persona extática; es imposible. Solo se puede controlar a una persona desdichada. Una persona extática es necesariamente libre. El éxtasis es la libertad. Cuando eres extático no se te puede reducir a la esclavitud. No se te puede destruir tan fácilmente, no se te puede convencer de que vivas en una cárcel. Querrás bailar bajo las estrellas, caminar con el viento y hablar con el sol y la luna. Necesitarás la inmensidad, el infinito, la enormidad. No te seducirán para que vivas en una celda oscura. No pueden convertirte en esclavo. Vivirás tu vida y harás lo que quieras con ella.

Eso le resulta muy difícil a la sociedad. Con muchas personas extáticas, la sociedad tiene la sensación de venirse abajo, de que su estructura no puede mantenerse. Las personas extáticas serán rebeldes. Ojo: no digo que una persona extática sea «revolucionaria», sino «rebelde». El revolucionario es el que quiere cambiar esta sociedad, pero también sustituirla por otra. El rebelde es quien desea vivir como individuo y querría que no hubiera estructuras sociales rígidas en el mundo. El rebelde no quiere sustituir esta sociedad por otra, porque todas las sociedades han resultado iguales. La capitalista, la comunista, la fascista y la socialista: son todas primas hermanas, sin grandes diferencias. La sociedad es la sociedad. Todas las iglesias son iguales: la hindú, la cristiana, la musulmana. En cuanto una estructura se hace poderosa, no quiere que nadie sea extático, porque el éxtasis va en contra de la estructura.

Fíjate y medita sobre ello: el éxtasis va en contra de la estructura. El éxtasis es rebelde. No es revolucionario. El revolucionario quiere otra estructura, acorde a sus deseos, acorde a su propia utopía, pero una estructura al fin y al cabo. Quiere alcanzar el poder. Quiere ser el opresor y no el oprimido; quiere ser el explotador y no el explotado; quiere controlar y no ser controlado.

El rebelde es quien no quiere controlar ni ser controlado. El rebelde es quien no quiere que existan normas en el mundo. El rebelde es anárquico. El rebelde es quien cree en la naturaleza, no en las estructuras creadas por el hombre, quien cree que si se dejara a la naturaleza en paz, todo sería maravilloso. ¡Y así es!

Un universo tan inmenso funciona sin gobierno. Los animales, los árboles, todo funciona sin gobierno. ¿Por qué necesita un gobierno el ser humano? Algo tiene que haber salido mal. ¿Por qué es el hombre tan neurótico que no puede vivir sin gobernantes?

Se trata de un círculo vicioso. El ser humano puede vivir sin gobiernos, pero nunca se le ha presentado la oportunidad: los gobiernos no te darán esa oportunidad. Cuando comprendes que puedes vivir sin dirigentes, ¿quién querría mantenerlos? ¿Quién querría que siguieran ahí? Ahora estás manteniendo a tus enemigos. Votas una y otra vez a tus enemigos. En la lucha por la presidencia se enfrentan dos enemigos, y tú eliges. Los dos son iguales. Es como si te dieran libertad para elegir a qué prisión quieres ir. Y tú votas tan contento: me gustaría ir a la prisión A o a la B; creo en la prisión republicana, o en la demócrata, pero las dos son prisiones. Y en cuanto empiezas a apoyar una prisión, esa prisión tiene su propia inversión. No te dejará que pruebes la libertad.

De modo que desde la infancia no nos dejan que probemos la libertad, porque en cuanto sabemos en qué consiste esta, no hacemos concesiones, no transigimos, no estamos dispuestos a vivir en una celda oscura. Preferiríamos morir a dejar que nos redujeran a la esclavitud. Seremos enérgicos.

Naturalmente, a un rebelde no le interesa lo más mínimo ejercer el poder sobre otras personas. Eso son signos de neurosis, cuando quieres ejercer el poder sobre otras personas. Eso simplemente demuestra que eres impotente y que tienes miedo de que si no adquieres poder serás dominado por otros.

Dice Maquiavelo que la mejor forma de defensa es el ataque. La mejor forma de protegerse es atacar primero. Los llamados políticos, del mundo entero, en Oriente, en Occidente, son en el fondo personas muy débiles, con complejo de inferioridad, con miedo de que si no son políticamente poderosos alguien los explotará, así que mejor explotar que ser explotado. El explotado y el explotador van en la misma barca, y los dos reman para mantener la barca a flote.

Una vez que el niño conoce el sabor de la libertad, jamás formará parte de ninguna sociedad, ninguna iglesia, ningún club, ningún partido político. Seguirá siendo un individuo, seguirá siendo libre y provocará pulsaciones de libertad a su alrededor. Su ser mismo se convertirá en una puerta hacia la libertad.

Al niño no se le permite probar la libertad. Si le pregunta a su madre: «Mamá, ¿puedo salir? Hace sol, el aire está fresco y me gustaría dar una vuelta a la manzana», inmediatamente, de una forma obsesiva, compulsiva, ella dirá: «¡No!». El niño no ha pedido gran cosa; solo salir a disfrutar del sol de la mañana, el aire fresco y la compañía de los árboles... ¡No ha pedido nada! Pero movida por una profunda compulsión, la madre dice que no. Es raro oír a una madre o a un padre decir sí. Incluso si lo hacen, es de mala gana. Incluso si dicen sí, hacen sentirse al niño culpable, que los está obligando, que está haciendo algo malo.

Siempre que el niño se siente feliz, haga lo que haga, siempre hay alguien que le dirá: «¡No hagas eso!». El niño lo va comprendiendo poco a poco: «Siempre que me siento feliz por algo, eso es malo». Y naturalmente, nunca se siente feliz haciendo lo que los demás le dicen que haga, porque para él no es un impulso espontáneo. Y así llega a saber que estar triste está bien y ser feliz está mal. Esa asociación llega a lo más profundo.

Si quiere abrir el reloj para ver lo que hay dentro, toda la familia se le echa encima gritando: «¡No! Vas a romper el reloj. Eso es malo». El niño solo estaba mirando el reloj, por curiosidad científica. Quería saber por qué hace tictac. Estaba actuando bien. Y el reloj no es tan valioso como su curiosidad, como su mente inquisitiva. El reloj no vale nada —aunque lo destroce—, pero cuando la mente inquisitiva queda destruida, se ha destruido mucho más: el niño no volverá a indagar para averiguar la verdad.

O a lo mejor hace una noche preciosa, con el cielo lleno

de estrellas, y el niño quiere estar fuera, pero es la hora de irse a dormir. No tiene sueño, está completamente despierto, muy despierto. El niño se siente confundido. Por la mañana, cuando tiene sueño, todo el mundo le grita: «¡Venga! ¡A levantarse!». Cuando estaba disfrutando tanto de estar en la cama, cuando quería darse otra vuelta, dormir y soñar un poco más, todo el mundo le lleva la contraria: «¡Levántate! Es hora de levantarse». Resulta que está completamente despierto y quiere disfrutar de las estrellas. Es un momento muy poético, muy romántico. Está emocionado. ¿Cómo irse a dormir con semejante emoción? Está entusiasmado, quiere cantar y bailar, pero lo obligan a irse a dormir. «Son las nueve. Hora de irse a dormir». Estaba tan feliz despierto, pero lo obligan a irse a dormir.

Cuando está jugando lo obligan a sentarse a la mesa para cenar. No tiene hambre. Cuando tiene hambre, la madre dice: «No son horas». Así destruimos toda posibilidad de ser extático, toda posibilidad de ser feliz, de alegría, de placer. Todo aquello con lo que el niño se siente feliz de una forma espontánea parece ser malo, y lo que no le llama la atención parece ser bueno.

Un día, en el colegio, un pájaro se pone a cantar fuera y el niño, naturalmente, presta oídos al pájaro, no al profesor de matemáticas que está ante la pizarra con un absurdo marcador. Pero el profesor es más poderoso, políticamente más poderoso que el pájaro. Desde luego, el pájaro no tiene ningún poder, pero sí tiene belleza. El pájaro atrae al niño sin necesidad de machacarle: «¡Presta atención! ¡Concéntrate en lo que digo!». No... De una forma sencilla, espontánea, natural, la consciencia del niño empieza a fluir por la ventana, hacia el pájaro. Allí está su corazón, pero tiene que mirar la pizarra. No hay nada que mirar, pero tiene que fingir que lo hace.

La felicidad es mala. Siempre que se da la felicidad el niño empieza a temer que algo va mal. Si el niño está jugueteando con su cuerpo, es malo. Y ese es uno de los momentos más extáticos en la vida de un niño. Disfruta de su cuerpo; es emocionante. Pero hay que cortar con esa emoción, hay que destruir toda alegría. Es algo neurótico, pero la sociedad también es neurótica.

Lo mismo les hicieron sus padres a los padres del niño, y ellos le hacen otro tanto a su hijo. Así es como una generación destruye a la siguiente. Así transferimos nuestra neurosis de generación en generación. La tierra entera se ha convertido en un manicomio. Al parecer, nadie conoce el éxtasis. Se ha perdido. Se ha erigido una barrera tras otra.

He observado que cuando las personas empiezan a meditar y notan un aumento de energía, cuando empiezan a sentirse felices, vienen a verme inmediatamente para decirme: «Me pasa una cosa muy rara. Me siento feliz, y al mismo tiempo culpable, sin razón alguna». ¿Culpables? Se sienten confundidos. ¿Por qué sentirse culpable? Saben que no hay nada malo, que no han hecho nada malo. ¿De dónde surge ese sentimiento de culpa? Del condicionamiento, profundamente arraigado, de que la alegría es algo malo. Estar triste está bien, pero no se permite ser feliz.

Durante una época viví en una ciudad cuyo comisario de policía era amigo mío; éramos amigos desde la universidad. Venía a verme y me decía:

—Me siento fatal. Ayúdame a salir de esta tristeza.

Yo le decía:

—Dices que quieres salir de esa situación, pero yo no veo que lo desees de verdad. En primer lugar, ¿por qué decidiste trabajar aquí, de policía? Debes de sentirte fatal, y quieres que los demás también se sientan fatal.

Un día les pedí a tres amigos míos que fueran por distintas partes de la ciudad, a bailar y a ser felices. Les dije: «Es solo para hacer un experimento». Naturalmente, al cabo de una hora los detuvo la policía.

Llamé al comisario y le dije:

—¿Por qué has detenido a estos amigos míos?

Me contestó:

—Parecen locos.

Le pregunté:

—¿Han hecho algo malo? ¿Han hecho daño a alguien?

Él me contestó:

—No, la verdad es que no. No han hecho nada.

—Entonces ¿por qué los has detenido?

—¡Porque iban bailando por las calles! Y encima riéndose.

—Pero si no le han hecho daño a nadie, ¿por qué tienes tú que meterte donde no te llaman? ¿Por qué? No han atacado a nadie, no se han metido en el territorio de nadie. Solo estaban bailando. Son personas inocentes, que solo estaban riéndose.

El comisario dijo:

—Tienes razón, pero es peligroso.

—¿Por qué es peligroso? ¿Ser feliz es peligroso? ¿Es peligroso ser extático?

Lo comprendió y los dejó libres inmediatamente. Vino a verme a todo correr y me dijo:

—A lo mejor tienes razón. No puedo ser feliz, y no puedo dejar que nadie sea feliz.

Así son vuestros políticos, así son vuestros policías, vuestros magistrados, dirigentes, santos, sacerdotes... así es la gente. Todos han invertido mucho en vuestra desdicha. Dependen de vuestra desdicha. Si vosotros sois desdichados, ellos son felices.

Solamente quien se siente muy desdichado irá a rezar a un templo. ¿Va una persona feliz al templo? ¿Para qué?

Me contaron que un día Hitler estaba hablando con un diplomático británico. Estaban en la decimotercera planta de un rascacielos, y para impresionar al diplomático, Hitler ordenó a un soldado alemán que se tirase desde allí. El soldado se tiró, sin vacilar, y naturalmente, se mató. El diplomático británico no daba crédito a sus ojos; era algo increíble. Estaba conmocionado. ¿Para qué este desperdicio? Por ninguna razón. Y para dejarlo aún más boquiabierto, Hitler le ordenó a otro soldado: «¡Salta!», y el soldado saltó. Y para impresionarlo aún más, ordenó lo mismo a un tercer soldado.

El diplomático ya se había recuperado un poco. Se precipitó hacia el soldado, lo aferró por el brazo y le dijo:

—¿Por qué lo haces, por qué vas a destruir tu vida por nada?

El soldado replicó:

—¿Quién querría vivir así, en este país, dominado por este loco? ¿Quién quiere vivir con Adolf Hitler? Más vale morir. ¡Eso es la libertad!

Cuando la gente es tan desgraciada, la muerte parece la libertad. Y cuando las personas son tan desgraciadas, están tan llenas de rabia, de furia, que sienten deseos de matar, incluso arriesgándose a morir. El político existe porque tú eres desgraciado. Así pueden seguir existiendo Vietnam, Bangladesh, los países árabes. Así continúa la guerra. De una u otra forma, la guerra continúa.

Hay que comprender este estado de cosas, por qué existe y cómo salir de él. A menos que lo abandones, a menos que comprendas el mecanismo, el condicionamiento —el estado hipnótico en el que vives—, a menos que te hagas con él, lo controles y lo abandones, nunca llegarás al éxtasis y nunca serás capaz de cantar lo que has venido a cantar. Entonces morirás sin haberlo hecho. Entonces morirás sin haber bailado tu danza. Entonces morirás sin haber vivido jamás.

Tu vida es solo una esperanza, no una realidad. Pero puede ser una realidad.

Esa neurosis que llamamos sociedad, civilización, cultura, educación, esa neurosis posee una estructura muy sutil. La estructura es así: te aporta ideas simbólicas de modo que la realidad se va nublando poco a poco, no ves lo real y empiezas a adherirte a lo irreal. La sociedad te dice, por ejemplo, que seas ambicioso; eso te ayuda a ser ambicioso. La ambición significa vivir en la esperanza, en el mañana. La ambición significa que hay que cambiar el hoy por el mañana.

El día de hoy es todo lo que hay; el ahora es el único tiempo en el que eres, el único tiempo en el que serás. Si quieres vivir, es ahora o nunca.

Pero la sociedad te hace ambicioso. Te envenenan desde la infancia, desde que empiezas a ir al colegio te incitan a ser ambicioso: hazte rico, sé poderoso, sé alguien. Nadie te dice que ya posees la capacidad de ser feliz. Todos te dicen que solo tendrás la capacidad de ser feliz si cumples ciertas condiciones: tener suficiente dinero, una casa grande, un coche grande, esto y lo de más allá; solo así puedes ser feliz.

La felicidad no tiene nada que ver con esas cosas. La felicidad no es algo que se consiga; es tu naturaleza misma. Los animales son felices sin dinero. No son Rockefeller. Y ningún Rockefeller es tan feliz como un ciervo o un perro. Los animales no tienen poder político —no son ni presidentes ni primeros ministros—, pero son felices. Los árboles son felices; si no, habrían dejado de dar flor. Siguen dando flor; la primavera sigue llegando. Siguen bailando, cantando, ofreciendo su ser a los pies de lo divino. Su oración es continua; no cesan en su culto. Y no van a ninguna iglesia; no les hace falta. Dios va a ellos. En el viento, en la lluvia, en el sol, Dios va a ellos.

Únicamente el hombre no es feliz, porque el hombre vive en medio de la ambición, no de la realidad. La ambición es una trampa, una trampa para distraerte. La vida real ha sido sustituida por la vida simbólica.

Obsérvalo en la vida. La madre no puede querer al hijo tanto como el hijo desea que la madre lo quiera, porque la madre está colgada, no está bien de la cabeza. Su vida no ha sido satisfactoria. Su vida amorosa ha sido un desastre: no ha podido llegar a la plenitud. Ha vivido sumida en la ambición. Ha intentado controlar a su marido, poseerlo. Ha sido celosa. No ha sido una mujer amante. Si no ha sido una mujer amante, ¿cómo puede amar de repente a su hijo?

He estado leyendo un libro de R. D. Laing. Me lo envió él: *Las verdades de la vida.* En él habla de un experimento en el que un psicoanalista le preguntó a varias madres: «Cuando su hijo estaba a punto de nacer, ¿estaba realmente dispuesta a tenerlo, dispuesta a aceptar al niño?». Presentaba un cuestionario. La primera pregunta era: «¿Era un niño deseado o vino por casualidad?». El noventa por ciento de las mujeres contestó: «Vino por casualidad; no lo queríamos». A continuación preguntaba: «Cuando se quedó embarazada, ¿tuvo dudas? ¿Quería tener el niño o abortar? ¿Lo tenía claro?». Muchas respondieron que estuvieron dudando durante semanas enteras entre abortar o tener el niño. Después el niño nació, y ya no pudieron decidir nada. Quizá hubiera otro tipo de consideraciones, de tipo religioso, porque eso sería pecado para ellas, significaría el infierno. Si eran católicas, la idea de que el aborto es lo mismo que el asesinato les impidió abortar. O quizá existieran razones de índole social, o el marido quería el niño, o los dos querían el niño como continuación de su ego. Pero el niño no era deseado. Pocas madres dijeron: «Sí, quería el niño. Estaba esperándolo y me sentía feliz».

Nace un niño no deseado; desde el principio la madre ha dudado entre tenerlo y no tenerlo. Tiene que haber repercusiones.

El niño notará esas tensiones. Cuando la madre pensaba en abortar, el niño debió de sentirse herido. El niño forma parte del cuerpo de la madre, y cada una de las vibraciones de la madre le llega a él. O cuando la madre piensa, duda y está en una especie de limbo, sin saber qué hacer, el niño también temblará, agitado, entre la vida y la muerte. Después el niño nace y la madre piensa que ha sido por casualidad —habían intentado el control de natalidad, habían intentado esto y lo de más allá; todo falló y de repente ahí está el niño— y hay que aguantarlo.

Aguantar no es amar. El niño echa en falta el amor desde el principio. Y la madre se siente culpable porque no le da tanto amor como hubiera sido lo natural. Por eso empieza con los sucedáneos. Obliga al niño a comer demasiado. No puede colmar el alma de su hijo con amor y llena su cuerpo de comida. Es un sucedáneo. Podéis ver lo obsesivas que son las madres. El niño dice: «No tengo hambre», pero la madre sigue obligándolo a comer. No tienen nada que ver con el niño, no le hacen caso. Le dan sucedáneos: como no pueden darle amor, le dan comida. El niño crece; como no pueden quererlo, le dan dinero. El dinero se convierte en un sucedáneo del amor.

Y el niño también aprende que el dinero es más importante que el amor. Si no tienes amor, no hay de qué preocuparse, pero tienes que tener dinero. Con el tiempo se hará avaricioso. Irá en pos del dinero como loco. El amor le dará igual. Dirá: «Lo primero es lo primero. Lo primero es tener una buena cuenta corriente. Necesito todo ese dinero; después podré permitirme el lujo del amor».

Pero el amor no necesita dinero; puedes amar tal y como eres. Y si piensas que el amor necesita dinero y vas en su busca, un día quizá lo tengas; pero entonces te sentirás vacío, porque has desperdiciado tantos años en acumular dinero. Y no solo los has desperdiciado; en todos esos años no ha habido amor, no has practicado el amor. Ahí tienes el dinero, pero no sabes amar. Has olvidado el lenguaje de los sentimientos, el lenguaje del amor, el lenguaje del éxtasis.

Sí, puedes comprar a una mujer preciosa, pero eso no es amor. Puedes comprar a la mujer más bella del mundo, pero eso no es amor. Y no estará contigo porque te ame; estará contigo por tu cuenta bancaria.

El dinero es un símbolo. El poder, el poder político, es un símbolo. También es un símbolo la respetabilidad. No son realidades; son proyecciones humanas. No son hechos objetivos; no tienen ninguna objetividad. No existen; son simplemente sueños proyectados por una mente desdichada.

Si quieres ser extático tendrás que abandonar lo simbólico. Liberarse de lo simbólico significa liberarse de la sociedad. Liberarse de lo simbólico significa ser un individuo. Para liberarte de lo simbólico necesitas valor para introducirte en lo real. Y solo lo real es real; lo simbólico no es real.

# Ser y llegar a ser

❧

¿QUÉ ES EL ÉXTASIS? ¿Algo que hay que alcanzar? No. ¿Algo que tienes que ganar? No. ¿Algo que tienes que llegar a ser? No. El éxtasis es ser y llegar a ser, es el sufrimiento. Si quieres llegar a ser algo, serás desdichado. Llegar a ser es la raíz misma de la desdicha. Si quieres ser extático, tiene que ocurrir ahora, en este mismo momento. En este mismo momento puedes ser feliz; nadie te lo impide. La felicidad es tan evidente, tan fácil... Es tu carácter mismo. La llevas en ti. Dale la oportunidad de salir a la superficie, de florecer.

Y recuerda que el éxtasis no es un asunto de la cabeza, sino del corazón. El éxtasis no es una cuestión de pensamientos, sino de sentimientos. Y a ti te han privado de los sentimientos, te han aislado de los sentimientos. No sabes lo que es el sentimiento. Incluso si dices «Siento», solo piensas que sientes. Cuando dices «Me siento feliz», obsérvalo, analízalo, y descubrirás que crees ser feliz. Incluso los sentimientos tienen que pasar por el pensamiento, por la censura del pensamiento. Solo se permiten cuando los aprueba el pensamiento. Si el pensamiento no los aprueba, se arrinconan en el inconsciente, en el sótano de tu ser, y se olvidan.

Sé más corazón y menos cabeza. La cabeza es solamente una parte de ti; el corazón, en el sentido que yo le doy a la palabra, es todo tu ser. El corazón es tu totalidad, de modo que cuando funcionas en tu totalidad funcionas con el sentimiento. Cuando funcionas parcialmente, lo haces con la cabeza.

Observa a un pintor pintando; esa es la diferencia entre un verdadero artista y un técnico. Si el pintor es un simple técnico que conoce la técnica de la pintura, que sabe cómo hacer las cosas, que sabe de colores, pinceles, lienzos y que ha realizado el aprendizaje, funcionará con la cabeza. Será un técnico. Pintará, pero sin poner todo de sí en la pintura. Observa a un verdadero artista que no es un técnico. Se ensimismará en la pintura, como borracho. No solo pintará con la mano, ni solo con la cabeza. Pintará con todo su ser, con las entrañas, participarán sus pies, su sangre, sus huesos, su médula, todo en él participará. Puedes observarlo, verlo, sentirlo, que está plenamente en su tarea, perdido. No existe nada más. Está borracho. En ese momento, deja de ser. No es un hacedor. La cabeza es hacedora. En ese momento de ensimismamiento absoluto, no es hacedor; es un conducto, como si el todo pintara a través de él.

Cuando te encuentras con un bailarín, un verdadero bailarín, no un simple intérprete, verás que no baila. En él baila algo del más allá. Está completamente metido en ello.

Cuando estás completamente metido en algo, vives el éxtasis. Cuando te metes parcialmente, seguirás siendo desdichado, porque una parte de ti se moverá al margen del todo. Se producirá una división, una escisión, una tensión, una angustia.

Si amas con la cabeza, tu amor no te proporcionará una experiencia extática. Si meditas con la cabeza...

Antes iba a nadar a un río, y me encantaba. Siempre que volvía, me observaba un vecino mío y se daba cuenta de que estaba en éxtasis. Un día me preguntó:

—¿Qué ocurre? Siempre te veo ir al río, y te pasas allí horas nadando. También voy a ir yo, porque pareces muy feliz.

Yo le dije:

—Por favor, no vengas. No lo entenderás, y el río se pondrá muy triste. No, no vengas, porque tu motivación será una barrera. Nadarás, pero estarás esperando a que te inunde esa sensación de felicidad. Nunca te ocurrirá, porque solo ocurre cuando no eres.

Nadar puede ser meditación, como correr... cualquier cosa puede ser meditación si tú no eres. El éxtasis es algo del corazón, de la totalidad. Con «corazón» me refiero a la unidad orgánica, total.

Y baila hoy, no mañana. Que la danza sea aquí y ahora, y que venga de tu totalidad. Abandónate; emborráchate.

Sí, la alegría es una locura, y solo los locos pueden permitírsela. La persona cuerda, normal y corriente, es tan lista, tan astuta y calculadora que no puede permitirse la alegría, porque no la puede controlar. Igual que he dicho que la sociedad no puede controlar a una persona alegre, he de decir lo siguiente: que no puedes controlar tu alegría, no puedes controlar tu éxtasis. Si quieres seguir manteniendo el control, nunca serás alegre, solo desdichado. Solo la desdicha puede ser controlada, por la sociedad o por ti.

Muchas personas vienen a verme para decirme que les gustaría liberarse de la desdicha, pero no están dispuestas a pasar a un estado de descontrol. También quieren controlar la alegría. Siempre quieren controlar. Quieren ser siempre el amo, el jefe. Eso es imposible. El jefe tiene que marcharse. La alegría no estallará dentro de ti hasta que haya desaparecido todo control. La alegría no se somete a ningún control; es salvaje.

El éxtasis es salvaje; no puedes controlarlo. Tienes que perder todo control. Tienes que lanzarte al abismo, y es un abismo insondable. Caes y caes y nunca llegas al fondo porque la alegría no tiene fin. Es un proceso interminable, eterno. Y tan enorme que, ¿cómo vas a controlarlo? La sola idea parece absurda.

Cuando bailes enloquecidamente, cuando cantes enloquecidamente, cuando sientas una alegría sin control, sin tu presen-
cia, cuando tu alegría sea plena, desbordante, cuando te sientas
inundado por ella y abandones todo control, verás un milagro.
La vida y la muerte bailarán juntas, porque desaparecerá toda
dualidad. Si tú estás dividido, aparece la dualidad. Si no estás
dividido, desaparece la dualidad.

Cuando estás desdoblado, el mundo entero se desdobla. Es tu
propio desdoblamiento lo que se proyecta en la pantalla del universo. Cuando no estás desdoblado, sino en un estado integrado,
único, orgánico, orgásmico, desaparece toda dualidad. Entonces
vida y muerte no son dos, dos opuestos, sino complementarios
que bailan juntos, de la mano. Entonces el bien y el mal no son
dos: bailan juntos, de la mano. Entonces materia y consciencia
no son dos. Eso es lo que ocurre en tu interior: el alma baila con
el cuerpo; el cuerpo baila con el alma. No son dos. Son uno, absolutamente uno, manifestaciones de la unidad. El cuerpo no es
sino el alma visible, y alma no es sino el cuerpo invisible.

Y Dios no está allá arriba, en los cielos. Está aquí, ahora, en
los árboles, las piedras, en ti, en mí, en todo. Dios es el alma de
la existencia, el núcleo invisible más recóndito. Lo interior baila
con lo exterior. Lo sublime baila con lo blasfemo. La sagrado
baila con lo profano y el pecador con el santo.

En cuanto te haces uno, toda dualidad desaparece de repente.
Por eso digo que una persona realmente sabia también es
estúpida; tiene que serlo, porque la estupidez y la sabiduría bailan juntas. Y un verdadero sabio, un verdadero santo, es también un sinvergüenza; tiene que serlo, no se puede evitar. Dios
y el diablo no son dos. ¿Os habéis parado a pensar en la palabra
«diablo»? Deriva de la misma raíz que «divino»; son de la misma raíz, del sánscrito *diva*, del que deriva *deva*, y de ahí «divino» y «diablo».

En el fondo, el árbol es uno. Las ramas son muchas, moviéndose en diferentes direcciones y dimensiones; las hojas, millones. Pero cuanto más profundizas, llegas a un árbol único, uno solo.

Cuando bailas, todo baila contigo. Sí, el antiguo dicho es cierto: cuando lloras, lloras solo; cuando ríes, el mundo entero ríe contigo. Cuando eres desdichado, estás separado de todo lo demás.

La desdicha te separa; la separación te hace desdichado. Ambas cosas van juntas; forman un solo paquete. Siempre que te sientes desdichado de repente te separas. Por eso el ego no puede permitirse ser feliz, porque si eres feliz el ego deja de existir, dejas de ser alguien aparte. El egoísta no puede permitirse ser extático. ¿Cómo va a permitírselo? Porque en el éxtasis el ego no está. Es demasiado para él. Prefiere seguir sufriendo. Provocará mil y una desdichas a su alrededor para seguir estando ahí.

¿Lo has observado? Cuando eres realmente feliz, tu ego desaparece. Cuando eres realmente feliz, sientes de repente una profunda unidad con el todo. Cuando eres desdichado quieres estar solo; cuando eres feliz quieres compartir.

Cuando Buda era desdichado se fue al bosque, huyó del mundo. ¿Qué ocurrió tras seis años? Cuando alcanzó el éxtasis regresó, volvió a la ciudad. Lo que había alcanzado había que compartirlo.

En medio de la desdicha eres como una semilla. En el éxtasis te transformas en flor, y naturalmente, has de propagar tu fragancia a los cuatro vientos.

También puedes verlo en tu vida, a pequeña escala. Cuando eres desgraciado cierras las puertas, no quieres ver a tus amigos. No quieres ir a ninguna parte, no quieres participar en nada. Dices: «Dejadme solo. Por favor, dejadme solo». Cuando alguien se siente sumamente desgraciado se suicida. ¿Qué significado tiene eso? ¿Qué es el suicidio? Es simplemente un esfuerzo por alejarse tanto del mundo que ya no se puede volver. Es llegar a la soledad absoluta, irrevocablemente, de modo que ya no puedes volver. En eso consiste el suicidio.

¿Sabes de alguien que se haya suicidado cuando era feliz, extático, cuando estaba bailando? No; cuando surge la danza, estallas, abres las puertas de par en par, llamas a tus amigos, a tus vecinos, y dices: «Venid. Voy a dar una fiesta. Vamos a bailar y a divertirnos. Tengo mucho que compartir y os lo quiero dar a vosotros». Y a quienquiera que llegue a tu puerta, lo recibes, le das la bienvenida. Todo el mundo es bien recibido cuando eres feliz. Cuando eres desgraciado, hasta los que antes eran siempre bienvenidos dejan de serlo.

Si bailas, la existencia entera se convierte en una danza. Ya es una danza. Los hindúes dicen que es un *Ras-Leela*: Dios está bailando, y alrededor de Dios las estrellas, la luna, el sol y la tierra.

Esta es la danza que se da continuamente, pero no la conocerás hasta que aprendas las formas de bailar, el lenguaje del éxtasis.

Había un soldado en la Segunda Guerra Mundial que de repente soltaba el fusil en el campo de batalla, se precipitaba sobre cualquier trocito de papel, lo examinaba con avidez, y después movía la cabeza apenado mientras el papel caía revoloteando al suelo. En el hospital permanecía mudo, con su oscura e inexplicable compulsión. Deambulaba tristemente por la sala de psiquiatría, recogiendo trocitos de papel, cada vez con una esperanza evidente, seguida del inevitable rechazo. Declarado inútil para el servicio, un día recibió la licencia del ejército, y al

recoger el impreso, encontró su voz. «¡Esto es!», gritó extasia-
do. «¡Esto es!»

El éxtasis es la libertad absoluta. Y entonces se grita de alegría: «¡Esto es! ¡Esto es! ¡Eureka! Lo he encontrado».

Y la ironía es que no hace falta ir a ninguna parte. Ya está
ahí. Es tu núcleo mismo, tu ser. Si decides buscarlo, puedes encontrarlo ahora mismo. No tienes por qué retrasarlo ni un solo
momento. Una intensa sed puede abrir la puerta. Una gran necesidad puede hacerte libre ahora mismo.

# COMPRENDER LAS RAÍCES DEL SUFRIMIENTO

# Respuestas a preguntas

❧

*¿Por qué no nos dejamos de sufrimientos, de ignorancia e infelicidad? ¿Cómo pueden ser dichosos y felices los seres humanos?*

E L SUFRIMIENTO PUEDE DARTE muchas cosas que no te da la felicidad. Aun más; la felicidad te quita muchas cosas. La felicidad te quita todo lo que has tenido, todo lo que has sido; la felicidad te destruye. El sufrimiento nutre tu ego, y la felicidad es fundamentalmente un estado en el que no existe el ego. En eso radica el problema, el quid de la cuestión. Por eso les resulta tan difícil a las personas ser felices. Por eso hay millones de personas en el mundo que tienen que vivir en la desdicha... que han decidido vivir en la desdicha. Proporciona un ego muy cristalizado. Desdichado, *eres*. Feliz, *no eres*. En la desdicha se produce la cristalización; en la felicidad te difuminas.

Si se comprende esto las cosas resultan muy claras. La desdicha te hace especial. La felicidad es un fenómeno universal, no tiene nada de especial. Los árboles son felices, como son felices los pájaros y los demás animales. La existencia entera es feliz, salvo el hombre. Al ser desdichado, el hombre se convierte en algo muy especial, extraordinario.

Con la desdicha puedes llamar la atención de la gente. Siempre que estás triste te hacen caso, te quieren, te comprenden.

Todos cuidan de ti. ¿Quién querría hacerle daño a una persona desdichada? ¿Quién envidia a una persona desdichada? ¿Quién quiere ser hostil hacia una persona desdichada? Sería demasiado ruin.

A la persona desdichada la atienden, la cuidan, la quieren. La desdicha supone una gran inversión. Si la mujer no es desgraciada, su marido tiende a olvidarse de ella. Si es desgraciada, el marido no puede permitirse faltar a sus deberes. Si el marido es desgraciado, su mujer, los hijos, toda la familia, todos los que lo rodean se preocupan por él; es un gran consuelo. Sientes que no estás solo, que tienes familia, amigos.

Cuando estás enfermo, deprimido, los amigos vienen a verte, para consolarte, para animarte. Cuando eres feliz, esos mismos amigos te envidian. Cuando eres realmente feliz, descubrirás que el mundo entero se vuelve contra ti.

A nadie le gustan las personas felices, porque esas personas hieren el ego de los demás. Los demás piensan: «Conque tú eres feliz y los demás seguimos arrastrándonos en medio de la oscuridad, el sufrimiento, el infierno. ¿Cómo te atreves a ser feliz mientras nosotros sufrimos tanto?».

El mundo está formado por personas desdichadas, y nadie tiene el valor necesario para dejar que el mundo entero se ponga en su contra; es demasiado peligroso, demasiado arriesgado. Es mejor aferrarse al sufrimiento, para seguir formando parte de la masa. Feliz, eres un individuo; desdichado, formas parte de una multitud: hindú, musulmana, cristiana, india, árabe, japonesa.

¿Feliz? ¿Sabes qué es la felicidad? ¿Es hindú, cristiana, musulmana? La felicidad es simplemente felicidad. Te transporta a otro mundo. Se deja de formar parte del mundo creado por la mente humana, se deja de formar parte del pasado, de la terrible historia. Se deja de formar parte del tiempo. Cuando eres realmente feliz, dichoso, el tiempo desaparece, y también el espacio.

Albert Einstein dijo que los científicos del pasado pensaban que existían dos realidades: el tiempo y el espacio. Pero según él, esas dos realidades no son dos, sino dos caras de la misma realidad. Por eso acuñó el término espacio-tiempo, una sola palabra. El tiempo no es sino la cuarta dimensión del espacio. Einstein no era un místico; si no, habría añadido la tercera realidad: lo transcendente, ni espacio ni tiempo. Eso también está ahí, y yo lo llamo el testigo. Y cuando se reúnen los tres, se tiene la trinidad completa. Ahí tenéis el concepto de *trimurti*, los tres rostros de Dios. Después, el concepto de las cuatro dimensiones. La realidad es cuatridimensional: las tres dimensiones del espacio, y la cuarta del tiempo.

Pero existe algo más, que no puede denominarse la quinta dimensión porque no es la quinta realidad: es el todo, lo transcendental. Cuando eres dichoso empiezas a trasladarte hacia lo trascendental. No es lo social, no es lo tradicional, no tiene nada que ver con la mente humana.

Tu pregunta es significativa: «¿Por qué ese apego al sufrimiento?».

Existen razones. Observa tu desdicha, analízala y encontrarás las razones. Observa esos momentos en los que de vez en cuando te permites la alegría de estar alegre, y ve la diferencia.

Notarás unas cuantas cosas: cuando eres desdichado eres conformista. A la sociedad le encanta, la gente te respeta, gozas de gran respetabilidad. Incluso puedes llegar a santo; de ahí que todos vuestros santos sean unos desdichados. Llevan la desdicha escrita en la cara, en los ojos. Como son desdichados, son contrarios a toda alegría. Condenan toda alegría; la consideran hedonismo; condenan toda posibilidad de alegría por considerarla pecado. Son desdichados y les gustaría que lo fuera el mundo entero. Y desde luego, solo en un mundo de desdicha se los puede considerar santos. En un mundo feliz tendrían que hospitalizarlos, someterlos a tratamiento psiquiátrico. Son casos patológicos.

Yo he conocido a muchos santos, y he estudiado la vida de vuestros santos del pasado. El 99 por ciento son simplemente anormales, neuróticos o incluso psicóticos. Pero los respetaban, y eran respetados por su sufrimiento; no lo olvidéis. Cuantas más desdichas soportaban en la vida, más se los respetaba. Eran santos que se daban de latigazos todos los días, y la gente se congregaba para ver semejantes penitencias, su ascetismo, su austeridad. El más grande de todos fue uno con heridas por todo el cuerpo... ¡y a esas personas se las consideraba santas! Ha habido santos que se han arrancado los ojos, porque a través de ellos se percibe la belleza y brota la lujuria. Y se los respetaba por haberse arrancado los ojos. Se les había concedido ojos para ver la belleza de la existencia, pero ellos decidieron quedarse ciegos. Hay santos que se han cortado los órganos genitales y se los respetaba enormemente, por la sencilla razón de haber sido autodestructivos, de haber ejercido la violencia contra sí mismos. Esas personas estaban psicológicamente enfermas.

Observa tu desdicha y descubrirás cosas fundamentales. Te proporciona respeto. La gente es más amable contigo, más comprensiva. Si eres desdichado tendrás más amigos. Vivimos en un mundo muy extraño; algo va mal. No debería ocurrir eso; la persona feliz debería tener más amigos. Pero sé feliz y verás cómo la gente te envidia y deja de ser amable. Se sienten engañados; tú tienes algo a lo que ellos no pueden acceder. ¿Por qué eres feliz? De modo que en el transcurso de los siglos hemos aprendido un sutil mecanismo para reprimir la felicidad y expresar el sufrimiento. Se ha convertido en nuestra segunda naturaleza.

Hay que abandonar ese mecanismo. Aprende a ser feliz, aprende a respetar a las personas felices y a prestarles más atención. Sería un gran servicio a la humanidad. No seas demasiado comprensivo con las personas desgraciadas. Ayúdalas, pero no seas comprensivo. No les hagas pensar que la desdicha es algo que vale la pena. Dales a entender que las ayudas, pero no por respeto, sino simplemente porque se sienten tan mal. Y no estarás haciendo nada; simplemente intentar sacar a esa persona de su desdicha, porque la desdicha es fea. Que esa persona comprenda lo fea que es la desdicha, que ser desdichado no es algo virtuoso, que no está prestando un gran servicio a la humanidad.

Sé feliz, respeta la felicidad y ayuda a la gente a comprender que la felicidad es la meta de la vida. Siempre que veas a alguien dichoso, respétalo; es una persona sagrada. Y siempre que notes que una reunión de personas es dichosa, festiva, considérala sagrada.

Hemos de aprender un lenguaje completamente nuevo; solamente así cambiará esta humanidad podrida. Tenemos que aprender el lenguaje de la salud, de la totalidad, de la felicidad. Resultará difícil, porque hemos de invertir mucho.


Es una de las preguntas fundamentales que se pueden plantear. También es extraño, porque debería resultar fácil desprenderse del sufrimiento, la angustia, la desdicha. No debería resultar difícil: no quieres ser desgraciado, o sea que debe de existir una profunda complicación detrás de eso. La complicación consiste en que desde tu infancia no te han permitido ser feliz, ser dichoso, ser alegre.

Te han obligado a ser serio, y la seriedad implica tristeza. Te han obligado a hacer cosas que no querías hacer. Eras impo-

tente, débil, dependiente de los demás y, naturalmente, tenías
que hacer lo que te decían. Hiciste esas cosas de mala gana, con
tristeza, resistiéndote. Te han obligado a hacer tantas cosas en
contra de tu voluntad que poco a poco has llegado a comprender lo siguiente: que cualquier cosa en contra de tu voluntad es
buena, y que cualquier cosa que no sea contraria a tu voluntad
es mala. Y esa educación te fue llenando de tristeza, que no es
lo natural.

Lo natural es ser alegre, igual que estar sano es lo natural.
Cuando estás sano no vas al médico a preguntarle: «¿Por qué
estoy sano?». No tienes por qué preguntar por qué estás sano.
Pero cuando estás enfermo, inmediatamente vas a preguntar:
«¿Por qué estoy enfermo? ¿Cuál es la razón, la causa de mi en-
fermedad?».

No pasa nada si preguntas por qué te sientes desgraciado.
Pero sí pasa algo cuando preguntas por qué eres dichoso. Te
han educado en una sociedad enferma en la que ser dichoso se
considera una locura. Si sonríes porque sí, la gente pensará que
te falta un tornillo... ¿Por qué sonríe ese? ¿Por qué parece tan
feliz? Y si dices: «No lo sé. Es que soy feliz», los reafirmará en
su idea de que te pasa algo raro.

Pero si estás triste nadie te preguntará por qué estás triste.
Eso es lo natural; todo el mundo está así. No es nada especial.
No estás haciendo nada raro.

Esa idea va penetrando en ti inconscientemente, que la desdicha es algo natural y que la dicha es antinatural. La dicha hay
que demostrarla. La desdicha no necesita pruebas. Va profundi-
zando en ti poco a poco, se mete en tu sangre, en tus huesos,
en tu médula, aunque lo natural sea que vaya en tu contra. Te
han obligado a ser esquizofrénico; se te ha impuesto algo contrario a tu naturaleza. Te han apartado de ti mismo, te han llevado a algo que tú no eres.

Eso es lo que provoca el sufrimiento de la humanidad, que todos están donde no deberían estar, que todos son lo que no deberían ser. Y porque la persona no puede estar donde necesita estar —donde debe estar por un derecho inalienable— se siente desdichada. Y llevas mucho tiempo alejándote de donde deberías estar; se te ha olvidado cómo volver a casa. De modo que estés donde estés, piensas que es tu casa, porque el sufrimiento es tu hogar, la angustia se ha convertido en tu carácter. Has aceptado el sufrimiento como la salud, no como la enfermedad.

Y cuando alguien dice: «Deja esa vida de tristeza, deja tanto sufrimiento que llevas a tus espaldas sin ninguna necesidad», se plantea un asunto muy significativo: «Es lo único que tenemos. Si lo dejamos, no seremos nadie, perderemos nuestra identidad. Al menos ahora soy alguien... sí, triste, desdichado, y sufro. Si dejo todo esto, me planteo la siguiente pregunta: ¿cuál es mi identidad? ¿Quién soy? No sé cómo volver a casa, y me has privado de la hipocresía, del falso hogar que me creó la sociedad».

Nadie quiere quedarse desnudo en mitad de la calle.

Más vale seguir siendo desdichado; al menos tienes algo que ponerte, aunque sea la triste desdicha... pero no pasa nada porque todo el mundo vaya vestido igual. Para quienes pueden permitírselo, sus desdichas les cuestan bastante. Quienes no se lo pueden permitir sufren por partida doble: tienen que vivir en una desdicha de pobres, y de eso no se puede presumir. O sea que hay pobres desgraciados ricos y pobres desgraciados a secas. Y los pobres desgraciados a secas hacen todo lo posible para alcanzar la situación de los pobres desgraciados ricos. Son los únicos dos modelos.

El tercer modelo ha caído en el olvido. El tercero es tu realidad, y en ella no existe el sufrimiento.

Me preguntas por qué no se puede librar el ser humano del

sufrimiento. Por la sencilla razón de que es lo único que tiene. ¿Quieres que sea aún más pobre? ¡Si ya lo es! Hay pobres desgraciados ricos con un sufrimiento ínfimo. No pueden alardear de eso. ¿Y les dices que abandonen incluso eso? Entonces no serán nadie; se quedarán vacíos, no serán nada.

Todas las sociedades, todas las culturas, todas las religiones han cometido un crimen contra la humanidad: han creado el miedo a la nada, al vacío.

La verdad es que la nada abre las puertas a la riqueza. La nada es la puerta que se abre a la felicidad, y esa puerta no tiene que ser nada. El muro está ahí; no puedes traspasar un muro; si acaso, darte cabezazos contra él, incluso romperte unas cuantas costillas. ¿Por qué no se puede traspasar un muro? Porque en el muro no hay ningún vacío, porque es algo macizo, porque objeta esa intrusión. Por eso llamamos «objetos» a las cosas: porque son objetivos, no te permiten que los atravieses; te lo impiden.

Una puerta tiene que ser no objetiva, tiene que tener un vacío. Una puerta significa que no hay nada que te impida entrar.

Y porque nos han condicionado a creer que el vacío es malo, que la nada es mala, ese condicionamiento nos impide abandonar la desdicha, la angustia, el sufrimiento, y nos limita a no ser nada.

En el momento en que no eres nada, te transformas en una puerta, una puerta que da acceso a lo divino, acceso a tu casa, una casa que te devuelve la conexión con tu naturaleza intrínseca. Y la naturaleza intrínseca del hombre es la dicha.

La dicha no es algo que se pueda alcanzar. Ya está ahí; nacemos en ella.

No es que la hayamos perdido, sino que nos hemos alejado de ella al darnos la espalda a nosotros mismos.

Está justo detrás de nosotros; solo con darnos la vuelta se producirá una gran revolución.

Y para mí no se trata de una cuestión teórica. Yo he aceptado la nada como una puerta, que yo llamo meditación, simplemente otro nombre para la nada. Y en el momento que surge la nada te ves de repente cara a cara contigo mismo, y desaparece todo sufrimiento.

Lo primero que haces es reírte de ti mismo, por lo imbécil que has sido. El sufrimiento no existía; con una mano lo creabas y con la otra intentabas eliminarlo... Y naturalmente, te encontrabas dividido, en una situación esquizofrénica.

Es tan sencillo, tan fácil...

Lo más sencillo en la vida es ser uno mismo.

No hay que esforzarse; ya lo eres.

Solo quiero recordarte algo... para que abandones todas las absurdas ideas que te ha impuesto la sociedad. Y es tan sencillo como cuando una serpiente se desprende de la piel vieja y no mira hacia atrás. Es simplemente piel vieja.

Si lo comprendes, puede ocurrir en este mismo momento. Porque en este mismo momento puedes ver que no existe el sufrimiento, ni la angustia.

Estás en silencio, ante la puerta de la nada; da un paso adelante y habrás encontrado el mayor tesoro, que lleva esperándote desde hace miles de vidas.


*¿Por qué es tan difícil perdonar, dejar de aferrarse*
*a esas heridas infligidas hace tanto tiempo?*


El ego existe en la desdicha; cuanto mayor es la desdicha, más se alimenta el ego. En los momentos de dicha el ego desaparece por completo, o lo que es lo mismo: si el ego desaparece, te inunda la dicha. Si quieres el ego, no puedes perdonar, no puedes olvidar, sobre todo las heridas, los insultos, las humillaciones, las pesadillas. No solo no puedes olvidar; lo exagerarás, lo llevarás al límite. Olvidarás todo lo hermoso que te ha ocurrido en la vida, no recordarás los momentos de alegría; al ego no le sirven de nada. La alegría es como un veneno para el ego, y la desdicha como una dosis de vitaminas.

Tienes que comprender el mecanismo del ego. Si intentas perdonar, no es un verdadero perdón. Con un poco de esfuerzo, conseguirás reprimir; nada más. Solo puedes perdonar cuando comprendes la estupidez del juego que se desarrolla en tu mente. Hay que comprender ese absurdo hasta el final, porque si no reprimirás algo por un lado y empezará a salir por otro. Lo reprimirás de una manera, y asomará de otra manera, a veces con tal sutileza que te resultará casi imposible reconocerlo, reconocer que es la misma vieja estructura, tan renovada, tan reformada, que parece casi nueva.

El ego vive en lo negativo, porque es fundamentalmente un fenómeno negativo: existe gracias a decir no. El no es el alma del ego. ¿Y cómo puedes decirle no a la dicha? Puedes negarte a la desdicha, puedes negarte a los sufrimientos de la vida. Pero ¿cómo decir no a las flores, a las estrellas, a las puestas de sol y a todo lo que es bello, divino? Pues la vida desborda de esas cosas, está llena de rosas, pero tú te empeñas en coger las espinas; has invertido mucho en esas espinas. Por un lado dices: «No, no quiero tanta infelicidad», y por otro lado te aferras a ella. Y llevan siglos predicando que perdonemos.

Pero el ego puede vivir gracias al perdón, puede empezar a alimentarse de nuevo gracias a esa idea: «He perdonado. He perdonado incluso a mis enemigos. No soy una persona normal y corriente». Y no lo olvides: uno de los fundamentos de la vida consiste en que la persona normal y corriente es la que piensa que no lo es; la media de la población piensa que no lo es. En cuanto reconozcas que eres normal y corriente, te saldrás de lo normal y corriente. En cuanto aceptes tu ignorancia, habrá entrado el primer rayo de luz en tu ser, habrá brotado la primera flor. Falta poco para la primavera.

Dice Jesucristo: «Perdona a tus enemigos, ama a tus enemigos». Y tiene razón, porque si eres capaz de perdonar a tus enemigos te librarás de ellos; si no, seguirán persiguiéndote. La enemistad es una especie de relación, más profunda que lo que llamáis amor.

Hoy alguien ha planteado otra pregunta: «Osho, ¿por qué una historia de amor armoniosa parece aburrida y muerta?». Pues por la sencilla razón de que es armoniosa. Pierde toda atracción para el ego; parece como si no existiera. Si es completamente armoniosa te olvidarás por completo de ella. Falta el conflicto, falta un cierto enfrentamiento, cierta violencia, un poco de odio. El amor —lo que llamáis amor— no es muy profundo. Es superficial, o quizá incluso menos que superficial. Pero el odio sí es muy profundo, tan profundo como el ego.

Jesucristo tiene razón cuando dice que perdonemos, pero se le interpreta mal desde hace siglos. Buda dice lo mismo; todos los que han despertado dicen lo mismo. Naturalmente, pueden diferir en la lengua, en la edad, en la época, porque son personas distintas y hablan lenguas distintas, pero lo esencial no puede ser diferente. Si no puedes perdonar, eso significa que vivirás con tus enemigos, con tus heridas, con tus dolores.

De modo que por un lado quieres olvidar y perdonar, porque la única forma de olvidar es perdonar —si no perdonas no puedes olvidar—, pero por otro existe una relación más profunda. A menos que comprendas esa relación, ni Jesucristo ni Buda te servirán de ayuda. Recordarás sus hermosas palabras, pero no pasarán a formar parte de tu modo de vida, no circularán por tu sangre, por tus huesos, por tu médula. No formarán parte de tu clima espiritual; te resultarán ajenas, algo impuesto desde fuera; al menos te atraen intelectualmente por su belleza, pero en lo existencial seguirás viviendo como siempre.

Lo primero que hay que recordar es que el ego es el fenómeno más negativo de la existencia. Es como la oscuridad. La oscuridad no tiene existencia positiva; es simplemente la ausencia de luz. La luz tiene una existencia positiva; por eso no se puede hacer nada directamente con la oscuridad. Si tu habitación está a oscuras, no puedes echar esa oscuridad de la habitación, no puedes eliminarla por medios directos. Si intentas luchar contra ella, te derrotará. No se puede derrotar a la oscuridad con la lucha. A lo mejor eres un gran luchador, pero te sorprenderá saber que no puedes derrotar a la oscuridad. Es imposible, por la sencilla razón de que la oscuridad no existe. Si quieres hacer algo con la oscuridad, tendrá que ser por mediación de la luz. Si no quieres la oscuridad, enciende la luz. Si quieres la oscuridad, apaga la luz. Pero haces algo con la luz; no se puede hacer nada directamente con la oscuridad. Lo negativo no existe, y lo mismo ocurre con el ego.

Por eso no te aconsejo que perdones. No digo que ames y no odies. No digo que abandones todos tus pecados y te hagas virtuoso. La humanidad ha intentado todas esas cosas y no lo ha conseguido. Mi tarea es completamente distinta. Lo que yo digo es: lleva la luz a tu ser. No te preocupes por esos fragmentos de oscuridad.

Y en el centro mismo de la oscuridad está el ego. El ego es el centro de la oscuridad. Tienes que encender la luz —con el método de la meditación—, hacerte más consciente, estar más alerta. Si no, seguirás reprimiendo, y cuando algo se reprime hay que reprimirlo una y otra vez. Pero es un ejercicio inútil, completamente inútil. Volverá a surgir de cualquier otra parte. Encontrará otro punto más débil.

Has preguntado:

«¿Por qué es tan difícil perdonar, dejar de aferrarse a esas heridas infligidas hace tanto tiempo?»

Por la sencilla razón de que es todo lo que tienes, y sigues jugueteando con tus viejas heridas para que se mantengan recientes en el recuerdo. Jamás dejarás que cicatricen.

Un hombre estaba sentado en un vagón de tren. Frente a él había un sacerdote con una cesta de merienda. Como aquel hombre no tenía nada mejor que hacer, se dedicó a observar al sacerdote.

Al cabo de un rato el sacerdote abrió la cesta y sacó una servilletita, que se puso pulcramente sobre las rodillas. Después sacó un cuenco de cristal y lo colocó sobre la servilleta. Después sacó un cuchillo y una manzana, peló la manzana, la cortó y metió los trozos en el cuenco. A continuación cogió el cuenco, se inclinó y tiró la manzana por la ventanilla.

Después sacó un plátano, lo peló, lo cortó, lo metió en el cuenco y lo tiró por la ventanilla. La misma suerte corrieron una pera, una lata de cerezas y una piña, además de un bote de nata: lo tiró todo por la ventanilla tras haberlo preparado meticulosamente. Después limpió el cuenco, sacudió la servilleta y volvió a meterlos en la cesta.

El hombre, que había estado observando al sacerdote con asombro, le preguntó:

—Perdone, padre, pero ¿qué está haciendo?

A lo cual el sacerdote replicó tranquilamente:

—Macedonia de frutas.

—Pero si lo ha tirado todo por la ventanilla.

—Sí —replicó el sacerdote—. Detesto la macedonia de frutas.

Hay personas que pueden seguir haciendo las cosas que detestan. Viven en el odio. Siguen ahondando en las heridas, de modo que nunca podrán cicatrizar; no dejan que cicatricen; su vida entera depende del pasado.

A menos que empieces a vivir en el presente, no serás capaz de olvidar y perdonar el pasado. No te recomiendo que olvides y perdones todo lo que te ha ocurrido en el pasado; no te lo aconsejo. Lo que digo es lo siguiente: vive en el presente. Ese es el enfoque positivo de la existencia, vivir en el presente. Es otra forma de decir que tengas una actitud más meditativa, que seas más consciente, que estés más alerta, porque cuando eres consciente, cuando estás alerta, vives en el presente. La consciencia no puede estar ni en el pasado ni el futuro. La consciencia solo sabe del presente. La consciencia no sabe del pasado ni del futuro; solo tiene un tiempo verbal: el presente. Sé consciente, y a medida que vayas disfrutando del presente, a medida que sientas la dicha de estar en el presente, dejarás de caer en esa estupidez que hace todo el mundo. Dejarás de volver al pasado. No tendrás que olvidar y perdonar; eso desaparecerá sin más. Te sorprenderá... ¿Adónde ha ido a parar todo eso? Y en cuanto deja de existir el pasado, también desaparece el futuro, porque el futuro no es sino una proyección del pasado. Liberarse del pasado y del futuro significa probar por primera vez la libertad. Y en esa experiencia te haces total, sano; se cicatrizan todas las heridas. De repente dejan de existir las heridas; empiezas a sentir un bienestar que surge de tu interior. El bienestar es el comienzo de la transformación.

## ¿Por qué hago una montaña de un grano de arena?

Porque el ego no se siente bien, no se siente a gusto con los granos de arena; necesita montañas. Incluso si se trata del sufrimiento, no puede ser un grano de arena; tiene que ser un Everest. Incluso si es desdichado, el ego no se conforma con una desdicha normal y corriente; tiene que ser una desdicha fuera de lo normal. De una u otra forma, todo el mundo quiere ser el primero. Por eso no paramos de convertir granos de arena en montañas.

La gente no para de crear grandes problemas de la nada. He hablado con miles de personas sobre sus problemas y todavía no he descubierto ni un solo problema de verdad. Todos los problemas son ficticios... los creas tú, porque sin problemas te sientes vacío. Sin problemas no hay nada, nada contra lo que luchar, ningún sitio al que ir. Las personas van de un gurú a otro, de un maestro a otro, de un psicoanalista a otro, de un grupo de encuentro a otro, porque si no lo hacen se sienten vacías y de repente les parece que la vida no tiene sentido. Creas problemas para sentir que la vida es una gran obra, un desarrollo, y que tienes que luchar con todas tus fuerzas.

Recuérdalo: el ego solo puede existir cuando lucha, cuando se debate. Y cuanto mayor el problema, cuanto mayor el reto, más crece el ego, más alto se eleva.

Tú creas los problemas. Los problemas no existen. Y déjame que te diga una cosa: ni siquiera existen los granos de arena. Eso también es una trampa tuya. Dices: «Vale, a lo mejor no hay montañas, pero sí que hay granos de arena». Pues no; ni siquiera hay granos de arena; son invenciones tuyas. En primer lugar, creas granos de arena de la nada, y después creas montañas de esos granos de arena.

Y los sacerdotes, los gurús y los psicoanalistas están encantados, porque su negocio existe gracias a ti. Si no creas granos de arena de la nada y no transformas esos granos de arena en montañas, ¿cómo iban a ayudarte los gurús? En primer lugar, tienes que encontrarte en la situación de que te ayuden.

Fíjate, por favor, en lo que estás haciendo, en las tonterías que estás haciendo. En primer lugar creas un problema y después buscas una solución. Fíjate en por qué creas el problema. Justo al principio, cuando empiezas a crear el problema, allí mismo está la solución. ¡No lo crees! Pero eso no te gustará, porque de repente te verás cara a cara contigo mismo. ¿Y no se puede hace nada? ¿Ni *satori,* ni iluminación, ni *samadhi*? Y te sientes inquieto, vacío, e intentas llenarte con lo que sea.

No tienes problemas: eso es lo único que tienes que comprender.

Puedes deshacerte de todos tus problemas ahora mismo, porque son invenciones tuyas.

Échale otro vistazo a esos problemas tuyos. Cuanto más profundices, más pequeños te parecerán. Sigue examinándolos y poco a poco empezarán a desaparecer. Sigue mirando y de repente te darás cuenta de que hay un vacío, de que te rodea un vacío maravilloso. Nada que hacer, nada que ser, porque ya eres eso.

La iluminación no es algo que haya que alcanzar, sino vivir. Cuando digo que yo alcancé la iluminación, simplemente quiero decir que decidí vivirla. ¡Ya estaba bien! Y desde entonces la vivo.

Tomas la decisión de que ya no quieres crear más problemas; nada más. Es la decisión de acabar con todas esas tonterías de crear problemas para encontrar soluciones.

Todas esas tonterías son un juego al que juegas contigo mismo, el juego del escondite, en el que tú te escondes y tú te buscas. Y lo sabes. Por eso cuando lo digo sonríes, te ríes. No estoy diciendo ninguna ridiculez, y tú lo comprendes. Te ríes de ti mismo. Fíjate en tu risa, fíjate en tu sonrisa; lo comprendes. Así tiene que ser, porque es tu propio juego: te escondes y esperas hasta que puedas buscarte y encontrarte.

Puedes encontrarte ahora mismo, porque eres tú quien se esconde.

Por eso los maestros del zen golpean a las personas. Cuando alguien le dice a un maestro: «Quisiera ser un Buda», el maestro se enfurece. Esa persona está pidiendo una estupidez; *es* un Buda. Si Buda acude a mí y me pregunta cómo puede ser Buda, ¿qué tendría que hacer yo? ¡Darle un capón! «¿Me estás tomando el pelo? Eres un Buda.»

No te busques complicaciones innecesarias. Y un día lo comprenderás, si observas cómo agrandas un problema, cómo le das vueltas, cómo contribuyes a que la rueda vaya más y más deprisa. De repente te verás en el punto culminante del sufrimiento y necesitas que el mundo entero te compadezca.

Eres estupendo creando problemas. Compréndelo y de repente desaparecerán los problemas. Estás perfectamente: naciste perfecto, y en eso consiste el mensaje. Naces perfecto; la perfección es tu naturaleza más íntima. Simplemente tienes que vivirla. Decídete a vivirla.

Si todavía no te has hartado del jueguecito, adelante, pero entonces no preguntes por qué. Lo sabes. El porqué es muy sencillo. El ego no puede existir en el vacío; necesita algo contra lo que luchar. Te servirá incluso un fantasma de tu propia imaginación, pero tienes que luchar con alguien. El ego solo existe en el conflicto, porque el ego no es una entidad, sino una tensión. Siempre que se produce un conflicto, surge la tensión y el ego entra en acción; cuando no hay conflicto, desaparece la tensión y también desaparece el ego. El ego no es sino una tensión.

Y claro está, nadie quiere tensiones pequeñas, sino tensiones enormes. Como si no tuvieras suficiente con tus propios problemas, empiezas a pensar en la humanidad, el mundo, el futuro... el socialismo, el comunismo y todas esas bobadas.

Piensas en eso como si el mundo entero dependiera de tus consejos. Piensas: «¿Qué va a pasar en Israel? ¿Qué va a pasar en
África?». Aportas tus consejos, y creas más problemas.

La gente se pone muy nerviosa; no puede dormir porque
hay una guerra. Se ponen muy nerviosos. Su vida es tan normal
y corriente que tienen que encontrar algo fuera de lo normal en
otra parte. La nación pasa por ciertas dificultades, y se identi-
fican con la nación. La cultura pasa por dificultades, o la sociedad tiene dificultades... grandes problemas con los que te iden-
tificas. Eres hindú y la cultura hindú tiene dificultades, o eres
cristiano y la Iglesia pasa por dificultades. El mundo entero está
en juego. Es el momento de sentirte importante con tu problema.

El ego necesita problemas. Si comprendes esto, por el hecho mismo de comprenderlo las montañas vuelven a reducirse
a granos de arena, y los granos de arena desaparecen. De repente solo existe el vacío, el vacío absoluto a tu alrededor. En
eso consiste la iluminación: en comprender hasta lo más profundo que no existe ningún problema.

Y entonces, sin ningún problema que resolver, ¿qué vas a
hacer? Pues empezarás a vivir inmediatamente. Te dedicarás a
comer, a dormir, a amar, a charlar, a cantar, a bailar... ¿Qué más
se puede hacer? Te has transformado en un dios, has empezado
a vivir.

Si existe un dios, una cosa es cierta: que no tiene problemas.
Eso es seguro. Entonces ¿qué hace todo el tiempo? Sin problemas, sin consultas de psiquiatras, sin gurús a los que someterse...
¿Qué hace ese dios? ¿A qué se dedica? Igual se está volviendo
loco, dándole vueltas a la cabeza... Pues no; está viviendo; su vida
está plena con la vida. Come, duerme, baila, tiene su historia de
amor... pero sin problemas.

Empieza a vivir este momento y verás que cuanto más lo vives menos problemas tienes, porque ahora que tu vacío ha empezado a florecer, a estar vivo, ya no te hacen falta. Cuando no vives, esa misma energía se echa a perder. Esa energía que debería haber florecido se queda estancada, no puede florecer, y entonces se transforma en una espina que se te clava en el corazón. Es la misma energía.

Intenta obligar a un niño a sentarse en un rincón sin moverse, completamente inmóvil. Fíjate en lo que ocurre: unos minutos antes estaba tan ricamente, sin problemas; de repente se pone todo colorado porque tiene que realizar un esfuerzo, contenerse. Se le pone el cuerpo rígido, intenta juguetear aquí y allá, moverse. Has obligado a la energía a quedarse quieta: no tiene ningún objetivo, ningún significado, no tiene espacio por el que moverse, no tiene dónde desarrollarse y florecer; se ha quedado parada, rígida, helada. El niño está muriendo, sufriendo una muerte temporal. Si no dejas que el niño vuelva a corretear por el jardín, a jugar, empezará a crear problemas. Empezará a fantasear; creará problemas mentalmente y empezará a enfrentarse a esos problemas. Verá un perro enorme y tendrá miedo, o verá un fantasma y tendrá que luchar para escapar de él. Está creando problemas: la misma energía que fluía a su alrededor hace unos momentos, en todas las direcciones, se ha quedado estancada, se ha echado a perder.

Si las personas pudieran bailar un poco más, cantar un poco más, enloquecer un poco más, su energía fluiría más fácilmente y sus problemas desaparecerían poco a poco.

Por eso hago tanto hincapié en la danza. Baila hasta el orgasmo, deja que toda la energía se transforme en danza, y de repente te darás cuenta de que ya no tienes cabeza, de que la energía atascada en tu cabeza se mueve por todas partes, creando dibujos maravillosos, en continuo movimiento.

Y cuando estás bailando llega un momento en el que tu cuerpo deja de estar rígido, se hace flexible, fluido. Cuando bailas
llega un momento en que tus límites no están tan claros, en el
que te disuelves y te fundes con el cosmos, y los límites se mezclan.

Observa a un bailarín, y te darás cuenta de que se ha convertido en un fenómeno de la energía, de que ya no tiene una
forma rígida, de que ya no está encerrado en un marco. Se sale
de su marco, de su forma, y flotando, adquiere más y más vida.
Pero solo comprenderás lo que realmente ocurre cuando tú
empieces a bailar. La cabeza desaparece; vuelves a ser niño. Entonces no creas problemas.

Vive, baila, come, duerme, hazlo todo lo más completamente posible. Y no dejes de recordar lo siguiente: en cuanto te des
cuenta de que estás creando un problema, olvídalo inmediatamente. Una vez que te metes en un problema, necesitas una solución. E incluso si encuentras una solución, de esa misma
solución surgirán miles de problemas. Si das un paso en falso
al principio caes en la trampa.

Si te das cuenta de que te estás metiendo en un problema,
cuidado: corre, baila, pega saltos, pero no caigas en el problema. Haz algo inmediatamente para que la energía que estaba creando esos problemas se deshaga, se deshiele, vuelva al
cosmos.

Los pueblos primitivos no tienen muchos problemas. He
conocido grupos primitivos en India que aseguran no soñar.
Freud no se lo habría creído. No sueñan, pero si alguien sueña
—un fenómeno raro—, toda la aldea ayuna y reza a Dios. Ha
pasado algo malo, algo ha ido mal... alguien ha soñado. Nunca
ocurre en su tribu, porque viven tan completamente que la cabeza no tiene nada que añadir mientras duermen.

Si dejas algo a medias se completará en tus sueños; lo que

no has vivido se queda colgando, como una resaca, y se completa en la mente: en eso consisten los sueños. Te pasas el día pensando. Tanto pensar significa simplemente que tienes más energía de la que utilizas para vivir, que tienes más energía de lo que requiere lo que tú llamas vida.

Te estás perdiendo la auténtica vida. Gasta más energía y te surgirán nuevas energías. No seas tacaño. Gástalas hoy, para que el día de hoy sea completo; mañana, ya se verá; no te preocupes por el mañana. Las preocupaciones, los problemas, las angustias solo demuestran una cosa: que no vives como es debido, que tu vida no es una fiesta, una danza. De ahí surgen los problemas.

Si vives, el ego desaparece. La vida no sabe del ego, solo sabe del vivir, y del vivir y del vivir. La vida no sabe del yo, no sabe de un centro, no sabe de separaciones. Inspiras el aire, y la vida entra en ti. Espiras el aire, y tú entras en la vida. No existe separación. Comes, y los árboles entran en ti a través de los frutos. Llega el día en que mueres, te entierran y los árboles te absorben y te transformas en fruta. Tus hijos te comerán. Tú te has comido a tus antepasados; los árboles los han transformado en frutos. ¿Qué crees, que eres vegetariano? No te dejes engañar por las apariencias. Todos somos caníbales.

La vida es una y no para de moverse. Te llega y te traspasa. En realidad no está bien decir que te llega, porque parece que la vida entra en ti y sale de ti. Tú no existes, solo existe este ir y venir de la vida. Tú no existes; solo existe la vida en sus formidables formas, en su energía, en sus múltiples delicias. En cuanto comprendas esto, que sea la única ley por la que te rijas.

*¿Por qué me siento tan desgraciado?*
*¿No puedes quitarme todo esto de encima?*

La respuesta está en tu pregunta. No quieres aceptar la responsabilidad de tu propio ser, sino que alguien lo haga por ti, y esa es la única causa del sufrimiento.

No hay forma de que nadie te quite tu sufrimiento. No hay forma de que nadie te haga dichoso, pero si te das cuenta de que tú eres el responsable de tu dicha o tu desdicha, de que nadie puede hacer nada...

Tu sufrimiento es obra tuya; tu dicha también será obra tuya.

Pero resulta difícil aceptar que el sufrimiento es tu obra.

Todos piensan que los demás son los responsables de su sufrimiento. El marido piensa que la esposa es la responsable de su sufrimiento, la esposa que el marido es responsable del suyo, los hijos responsabilizan a los padres, los padres responsabilizan a los hijos de sus respectivos sufrimientos. Un asunto muy complejo. Y cuando alguien es responsable de tu sufrimiento, no comprendes que al renunciar a tu propia responsabilidad pierdes tu libertad. Responsabilidad y libertad son las dos caras de la misma moneda.

Y porque piensas que los demás son responsables de tu sufrimiento, por eso hay tantos charlatanes, supuestos salvadores, mensajeros de Dios, profetas que te dicen: «No tenéis que hacer nada; solo seguidme. Creed en mí y yo os salvaré. Yo soy vuestro pastor; vosotros mi rebaño».

Parece extraño que nadie se rebelara contra personas como Jesucristo y dijera: «Qué insultante, decir que tú eres el pastor y nosotros las ovejas, que tú eres el salvador y nosotros dependemos de tu compasión, que nuestra religión consiste en creer en ti». Pero como descargamos la responsabilidad de nuestro sufrimiento sobre otros, aceptamos el corolario de que la dicha también nos vendrá de otros.

Naturalmente, si el sufrimiento nos viene de otros, también la dicha nos vendrá de otros. Pero entonces, ¿qué haces tú? No eres ni responsable del sufrimiento ni de la dicha... ¿Qué función cumples? ¿Para qué sirves? ¿Ser el blanco para que unas cuantas personas te hagan desdichado y para que otras te ayuden, te salven y te hagan dichoso? ¿Eres una simple marioneta, cuyos hilos están en manos de otros?

No eres respetuoso con tu humanidad, no te respetas a ti mismo. No amas tu propio ser, tu propia libertad.

Si respetas tu vida, rechazarás a todos los salvadores. Les dirás a todos ellos: «¡Fuera de aquí! Bastante tienes con salvarte a ti mismo. Es mi vida y tengo que vivirla. Si hago algo mal, sufriré por ello; aceptaré las consecuencias de mis actos sin quejarme».

Quizá aprendamos así: tras caer, nos levantamos; tras perdernos, volvemos a encontrar el camino. Cometes un error... pero cada error te hace más inteligente; no volverás a cometer el mismo error. Si vuelves a cometer el mismo error, significa que no estás aprendiendo, que no estás utilizando tu inteligencia, que actúas como un robot.

Todos mis esfuerzos van encaminados a devolver la dignidad que le corresponde a todo ser humano, que le ha transferido a cualquiera. Y todas estas tonterías se producen porque no estás dispuesto a aceptar que el responsable de tu sufrimiento eres tú.

Piénsalo: no hay un solo sufrimiento tuyo del que tú no seas responsable. Puede ser envidia, ira, avaricia, pero algo en ti crea ese sufrimiento.

¿Y has visto a alguien en este mundo que haga dichoso a otro? También eso depende de ti, de tu silencio, de tu amor, de tu paz, de tu confianza. Y así se produce el milagro: nadie lo hace.

En el Tíbet se cuenta una hermosa historia sobre Marpa. Quizá no sea real, pero sí tremendamente significativa. No me importan demasiado los hechos. Me interesan la trascendencia y la verdad, algo completamente distinto.

Marpa oyó hablar de un maestro. Estaba buscando y fue a ver al maestro, se abandonó a él, le entregó toda su confianza. Le preguntó:

—¿Qué debo hacer ahora?

El maestro contestó:

—Una vez que te abandones a mí, no tendrás que hacer nada. Solo creer en mí. Mi nombre es tu único mantra secreto. Siempre que te encuentres en apuros, recuerda mi nombre y todo irá bien.

Marpa se arrodilló a sus pies. Y era un hombre tan sencillo que intentó algo inmediatamente: andar sobre el río. Los demás discípulos, que llevaban años con el maestro, no daban crédito a sus ojos: ¡estaba andando sobre el agua! Le contaron al maestro:

—No has entendido a ese hombre. No es un hombre corriente. Anda sobre el agua.

El maestro dijo:

—¿Cómo?

Todos salieron corriendo hacia el río, y sobre él caminaba Marpa, cantando, bailando. Cuando llegó a la orilla, el maestro le preguntó:

—¿Cuál es el secreto?

El hombre dijo:

—¿Que cuál es el secreto? El mismo que tú me has revelado: tu nombre. Me acordé de ti. Dije: «Maestro, permíteme andar sobre el agua», y ocurrió.

El maestro no se creía que su nombre lograra tal cosa. Él no podía andar sobre el agua, pero ¿quién sabe? Nunca lo había intentado. Sin embargo, pensó que sería mejor comprobar un par de cosas más, y le dijo a Marpa:

—¿Puedes saltar desde ese precipicio?

—Lo que tú digas.

Marpa subió a la montaña y se tiró por el precipicio, mientras todos esperaban en el valle, pensando que solo quedarían unos trocitos de Marpa. E incluso si encontraban algún trozo, sería un milagro; la montaña era muy alta.

Pero Marpa descendió sonriente, en la postura del loto. Aterrizó bajo un árbol del valle y se sentó. Todos lo rodearon, mirándolo. Ni un rasguño. El maestro exclamó:

—¡Es increíble! ¿Has pronunciado mi nombre?

El hombre contestó:

—Fue tu nombre.

El maestro dijo:

—Basta. Voy a intentarlo yo.

Y al dar el primer paso en el agua se hundió.

Marpa no podía creerse que el maestro se hubiera hundido. Sus discípulos saltaron al río y lograron sacarlo, medio muerto. Le extrajeron el agua de los pulmones, y sobrevivió.

Marpa preguntó:

—¿Qué ha pasado?

El maestro contestó:

—Tienes que perdonarme. No soy maestro, sino un farsante.

Pero Marpa preguntó:

—Si eres un farsante, ¿cómo ha funcionado tu nombre?

El farsante contestó:

—No ha funcionado mi nombre, sino tu confianza. No importa en quién confíes... Es la confianza, el amor, la totalidad. Yo no confío en mí mismo, ni confío en nadie. Engaño a todos... ¿Cómo podría confiar? Y siempre tengo miedo de que me engañen los demás, porque yo los engaño. Para mí es imposible confiar. Tú eres un hombre inocente y has confiado en mí. Es por tu confianza por lo que se han producido los milagros.

No importa que esta historia sea verdadera o no. Pero sí hay una cosa cierta: que la causa de tu sufrimiento son tus errores y la causa de tu dicha la confianza, el amor.

Tu esclavitud es tu creación, y tu libertad tu declaración.

Me preguntas: «¿Por qué soy desgraciado?». Eres desgraciado porque no has aceptado la responsabilidad. Observa cuál es tu sufrimiento, averigua la causa, y encontrarás la causa dentro de ti. Elimina la causa y desaparecerá el sufrimiento.

Pero no queréis eliminar la causa, queréis eliminar el sufrimiento. Eso es imposible, carece por completo de base científica.

Y me pides que te salve, que te ayude. No tienes por qué mendigar nada. No tenéis que mendigar nada. No sois ovejas, sino emperadores.

Aceptad vuestra responsabilidad por el sufrimiento y encontraréis, ocultas en vuestro interior, todas las causas de la dicha, la libertad, la alegría, la iluminación, la inmortalidad. No se necesita un salvador. Y jamás ha existido ningún salvador; todos son pseudosalvadores. Se les ha rendido culto porque la gente siempre ha querido que alguien los salvase. Han aparecido porque siempre había demanda, y cuando hay demanda, hay oferta.

Si dependes de los demás pierdes tu alma. Olvidas que tienes una consciencia tan universal como la de cualquier otro, que tienes una consciencia tan grande como la de cualquier Buda Gautama; simplemente no te das cuenta, porque no la has buscado. Y no la has buscado porque buscas a los demás, a alguien que te salve, a alguien que te ayude. Vas pidiendo limosna sin comprender que este reino es enteramente tuyo.

Hay que comprender que se trata de uno de los principios fundamentales: la dignidad, la libertad y la responsabilidad.

*¿Por qué todo el mundo finge ser lo que no es?*
*¿Cuál es la razón psicológica?*

Es porque todos están condenados desde la infancia. Cualquier cosa que haga una persona por sí misma, porque le gusta, se considera inaceptable. La gente, la multitud entre la que tiene que crecer un niño, tiene ideas e ideales propios. El niño tiene que encajar en esas ideas y esos ideales. El niño está indefenso.

¿Os habéis parado a pensar en eso? En la infancia, el ser humano es el más indefenso de todo el reino animal. Todos los animales pueden sobrevivir sin necesidad de la ayuda de los padres ni de la manada, pero el niño no puede sobrevivir; moriría inmediatamente. Es el ser más indefenso del mundo, vulnerable a la muerte, delicado. Y naturalmente, los que detentan el poder pueden moldearlo a su antojo.

Y así todo el mundo se convierte en lo que es, muy a su pesar. Esa es la razón psicológica tras el hecho de que todo el mundo quiere fingir que es lo que no es.

Todo el mundo está esquizofrénico. Nunca les han permitido ser ellos mismos, les han obligado a ser otros, y su naturaleza no les permite ser felices con esos otros.

Por eso cuando crecemos y nos valemos por nosotros mismos, empezamos a fingir muchas cosas, que nos habría gustado que formaran parte de nuestro ser en la realidad. Pero en este mundo de locos se ha desviado a todo el mundo. Han obligado a cada persona a ser alguien distinto; no son eso, y lo saben. Todos saben que los han obligado a algo: a ser médico, a ser ingeniero, político, delincuente, mendigo. Hay muchas cosas que los han obligado.

En India, en Bombay, hay personas que se dedican a robar niños y a dejarlos lisiados, ciegos, cojos, para obligarlos a mendigar y entregar el dinero que han recogido durante el día. Sí; les ofrecen comida y cobijo, pero los usan como mercancías; no son seres humanos. Es una situación extrema, pero a todo el mundo le ha ocurrido lo mismo en uno u otro grado. Nadie se siente a gusto consigo mismo.

En este mundo solo existe una clase de felicidad, que consiste en ser tú mismo. Y como nadie es como realmente es, todos intentan esconderse de alguna manera, con máscaras, pretensiones, hipocresías. Se avergüenzan de lo que son.

Hemos convertido el mundo en un mercado, no en un hermoso jardín al que todos pueden llevar sus flores. Obligamos a las caléndulas a dar rosas... ¿De dónde van a sacar rosas las caléndulas? Esas rosas serán de plástico, y en el fondo la caléndula llorará, derramará lágrimas de vergüenza, «porque no he tenido suficiente valor para rebelarme contra la masa. Me han obligado a tener estas flores de plástico, y yo tengo mis flores auténticas por las que fluyen mis jugos, pero no puedo mostrar mis verdaderas flores».

Te lo enseñan todo, pero no te enseñan a ser tú mismo. Es la peor cara posible de la sociedad, porque hace sufrir a todo el mundo.

Ser lo que no quieres ser, estar con alguien con quien no quieres estar, hacer algo que no quieres hacer, todo eso constituye la base de los sufrimientos.

Y por una parte la sociedad ha logrado que todos sean desgraciados y por la otra esa misma sociedad espera que no muestres tu sufrimiento, al menos no en público, no a las claras. Es asunto tuyo, algo privado.

Ellos lo han creado; en realidad es un asunto público, no privado. La misma masa que ha creado las razones de tu sufrimiento acabará diciéndote: «Tu sufrimiento es asunto tuyo, pero de cara al exterior tienes que sonreír. Que los demás no vean el sufrimiento en tu rostro». A eso lo llaman protocolo, buenos modales, cultura. En definitiva, hipocresía.

A menos que una persona se diga: «Quiero ser yo mismo, cueste lo que cueste. Que me condenen, que me critiquen, que pierda mi respetabilidad... Todo con tal de no seguir fingiendo ser otra persona». Esta decisión y esta declaración, esta declaración de libertad, de liberarse de la masa, da lugar a tu ser natural, a tu individualidad.

Entonces ya no necesitarás una máscara. Entonces podrás ser tú mismo, tal como eres.

## ¿Cómo puedo ser yo mismo?

Debería ser lo más sencillo del mundo, pero no lo es. Para ser uno mismo no hace falta hacer nada; ya se es. ¿Qué otra cosa puedes ser? ¿Cómo puedes ser otro? Pero comprendo el problema. El problema surge porque la sociedad corrompe a todo el mundo. Corrompe la mente, el ser. Te impone cosas y tú pierdes el contacto contigo mismo. Intenta hacer de ti algo distinto de lo que estabas destinado a ser. Te aleja de tu centro. Te arrastra fuera de ti mismo. Te enseña a ser como Jesucristo o a ser como Buda o como este o aquel; jamás te dice que seas tú mismo. Jamás te deja la libertad de ser; te impone imágenes externas, ajenas a ti.

Entonces surge el problema. En el mejor de los casos puedes fingir, pero cuando finges nunca te sientes satisfecho. Quieres ser tú mismo, algo muy natural, y la sociedad no te lo permite. La sociedad quiere que seas otro. Quiere que seas un impostor. No quiere que seas auténtico, porque las personas auténticas son peligrosas, rebeldes. A las personas auténticas no se las controla tan fácilmente, no se les puede imponer una disciplina. Las personas auténticas viven su realidad a su manera: van a lo suyo. No se preocupan por otras cosas. No se las puede sacrificar en nombre de la religión, ni en nombre del estado, la nación o la raza. Es imposible convencerlas de que se sacrifiquen. Las personas auténticas siempre defienden su felicidad. Su felicidad es lo absoluto, y no están dispuestas a sacrificarla por nada. Ese es el problema.

Por eso la sociedad distrae al niño: le enseña a ser otro. Y el niño aprende poco a poco a fingir, a ser hipócrita. Y un día —qué ironía— esa misma sociedad empieza a decirte: ¿Qué te ha pasado? ¿Por qué no eres feliz? ¿Por qué tienes esa cara de sufrimiento? ¿Por qué estás triste? Y entonces aparecen los sacerdotes. En primer lugar te corrompen, te desvían del sendero de la felicidad, porque solo existe una felicidad posible: ser tú mismo. Entonces aparecen y te dicen: ¿Por qué eres desgraciado? ¿Por qué estás triste? Y te enseñan a estar siempre feliz. Primero te ponen enfermo y después te venden medicinas. Es una gran conspiración.

He oído contar una cosa...

Una viejecita judía va sentada en un avión junto a un noruego grandote. No para de mirarlo. Por último le pregunta:

—Perdone, ¿es usted judío?

—No —contesta el noruego.

Pasan unos minutos, la señora vuelve a mirarlo y a preguntarle:

—Puede contármelo. Usted es judío, ¿verdad?

El hombre contesta:

—Desde luego que no.

La señora sigue observándolo e insiste:

—Se nota que es usted judío.

Para que deje de molestarlo, el señor dice:

—Sí, vale. Soy judío.

La anciana lo mira y dice, moviendo la cabeza:

—No lo parece.

Así son las cosas. Me preguntas: «¿Cómo puedo ser yo mismo?». Olvídate de pretensiones, olvídate de ese afán por ser otro, olvídate del deseo de ser como Jesucristo, como Buda, de parecerte al vecino. Deja la competición y las comparaciones, y serás tú mismo. La comparación envenena. Siempre estás pensando en lo que hace el otro. Tiene una casa grande, un coche grande, y tú lo estás pasando mal. Tiene una esposa guapísima y tú lo estás pasando mal. Está subiendo por la escala del poder y la política mientras tú lo pasas mal. Compara e imitarás. Si te comparas con los ricos, empezarás a correr en la misma dirección. Si te comparas con las personas cultas, empezarás a acumular conocimientos. Si te comparas con los llamados santos empezarás a acumular virtudes... y los imitarás. E imitar significa perderse la oportunidad de ser uno mismo.

Deja de compararte. Eres único. Nadie es como tú, nadie ha sido como tú ni nadie lo será. Eres sencillamente único, y cuando digo que eres único, recuerda que no me refiero a que seas mejor que los demás. Simplemente me refiero a que eres único. Ser único constituye una cualidad normal de todo ser. Ser único no supone una comparación; es algo tan natural como respirar. Todo el mundo respira y todo el mundo es único. Mientras estás vivo, eres único. Solo los cadáveres se parecen; las personas vivas son únicas. Nunca se asemejan; es imposible. La vida jamás sigue un curso repetitivo. La existencia jamás se repite. Entona una nueva canción cada día, pinta algo nuevo cada día.

Respeta tu singularidad y olvídate de las comparaciones. La comparación es la culpable; en cuanto comparas, vas por mal camino. No te compares con nadie; la otra persona no es tú, tú no eres la otra persona. Deja que los demás sean, y relájate en tu ser. Empieza a disfrutar de lo que eres. Deléitate en los momentos que tengas a tu disposición.

La comparación te trae el futuro, la comparación provoca la ambición, y la violencia. Empiezas a luchar, a pelearte, a ser hostil.

La vida no es como un producto. La felicidad no es como un producto que otros tienen y tú no. «Si otros tienen la felicidad, ¿cómo puedo obtenerla yo?» La felicidad no es en absoluto un producto. Puedes tener cuanta quieras. Solo depende de ti. Nadie va a competir por ella, nadie es tu competidor. Igual que un jardín hermoso: tú puedes mirarlo y admirarlo, como puede mirarlo y admirarlo cualquier otra persona. Nadie te impide que mires el jardín y que te parezca bonito porque ese alguien también lo esté mirando; la otra persona no te está explotando. El jardín no es ni más ni menos porque lo haya mirado otra persona; porque otra persona se quede embelesada ante la belleza del jardín, el jardín no es menos. Incluso podría decirse que el jardín ha ganado algo, porque alguien ha apreciado su belleza, y esa persona ha aportado una nueva dimensión al jardín.

*Las personas felices aportan algo a la existencia; por el simple hecho de ser felices crean vibraciones de felicidad.* Valorarás más este mundo cuantas más personas felices haya. No te plantees las cosas en términos de competición. No se trata de que si ellos son felices tú no puedas serlo y tengas que arrebatarles esa felicidad, tengas que competir con ellos. Recuerda que si los demás son desgraciados te resultará muy difícil ser feliz. A la felicidad puede acceder todo el mundo; todo el que abra su corazón puede acceder a la felicidad.

No se trata de que alguien haya conseguido algo. No es como un puesto político; si alguien llega a presidente de un país, desde luego los demás no pueden ser presidentes. Pero si una persona ha alcanzado la iluminación, eso no le impide a nadie alcanzar la iluminación; aún más, le ayudará. Porque Buda alcanzó la iluminación a ti te resultará más fácil alcanzarla. Porque Jesucristo alcanzó la iluminación, a ti te resultará más fácil. Alguien ha empezado a hollar el camino; las huellas están ahí; esa persona te ha dejado unas sutiles señales. Puedes caminar más fácilmente, con más seguridad, con menos vacilaciones. La tierra entera puede iluminarse, cada ser puede alcanzar la iluminación. Pero no todo el mundo puede ser presidente de un país.

Un país tiene millones de habitantes, y solo una persona puede ser su presidente; por supuesto, eso es competición. Pero millones de personas pueden alcanzar la iluminación, y eso no supone ningún problema.

Lo trascendente no entra en competiciones, y tu ser es transcendente. Así que pon tu vida en orden. La sociedad te ha hecho un lío en la cabeza, te ha enseñado la forma de vivir en continua competición. La meditación es una forma de vida no competitiva. La sociedad significa ambición; la actitud de meditación, de consciencia, no tiene ambiciones. Y cuando no eres ambicioso, puedes ser tú mismo. Así de sencillo.

*A veces no siento, como dice Sartre, que «El infierno
son los otros», sino que «El infierno soy yo mismo».
Yo vivo en el infierno mismo. ¿Tengo que aceptar
el infierno antes de conocer la dicha? No veo cómo
puedo hacerlo*

No; no estás viviendo en el infierno. Tú eres el infierno. El ego mismo es el infierno. En cuanto el ego deja de estar ahí, no existe el infierno. El ego crea ciertas estructuras a tu alrededor, que te hacen desgraciado. El ego funciona como una herida, y todo empieza a hacerle daño. El «yo» es el infierno.

El yo es el infierno; el no-yo, el cielo. No ser es el cielo. Ser significa estar siempre en el infierno. «¿Tengo que aceptar el infierno antes de conocer la dicha?» Tienes que comprender el infierno, porque si no lo comprendes, jamás saldrás de él. Y para comprender, es fundamental aceptar. No comprenderás nada si lo niegas. Y eso es lo que hacemos. Renegamos de ciertas partes de nuestro ser. Nos empeñamos: «Esto no soy yo». Jean-Paul Sartre dice que el otro es el infierno; cuando niegas algo de ti mismo, lo proyectas en el otro.

Examina el mecanismo de la proyección. Cuando niegas algo de ti mismo, lo proyectas en los demás. Tienes que ponerlo en alguna parte. Está ahí, y tú lo sabes.

La noche pasada una mujer me contó que tenía mucho miedo de que su marido fuera a matarla. Su marido es un hombre muy sencillo y encantador. Raramente te encuentras con personas tan sencillas. Parece absurdo, que tenga intención de matarla. Cuando la mujer lo dijo, el hombre se echó a llorar. La sola idea era tan absurda, que se le llenaron los ojos de lágrimas. También es muy raro ver a un hombre llorar, porque a los hombres les han enseñado a no llorar. Pero tenía ganas de llorar; ¿qué iba a hacer? Y la mujer pensando que en cualquier momento su marido la iba a estrangular, notando las manos del hombre en su cuello en medio de la oscuridad. Vamos a ver: ¿qué ocurre?

Poco a poco empezó a hablar de otras cosas. No tiene hijos, y quiere un hijo a toda costa. Me cuenta que al ver a los hijos de otros siente deseos de matarlos. Entonces todo se aclara. Las cosas no son tan complicadas. Dice que le gustaría matar a los hijos de otros porque ella no tiene hijos y no quiere que otra mujer sea madre. Dentro de ella hay una asesina, y no quiere aceptarlo. Tiene que proyectarlo sobre alguien. No puede aceptar su instinto asesino, y tiene que proyectarlo. Resulta muy difícil reconocer que eres un asesino, o que te vienen ideas de matar niños.

Pero el marido es la persona más próxima, la más cercana para la proyección, casi como una pantalla en la que puedes proyectar lo que quieras. El pobre hombre se echa a llorar y la mujer piensa que va a matarla. En su inconsciente más profundo incluso puede albergar ideas de matar a su marido, porque debe de tener cierta lógica interna, que por culpa de ese hombre no se queda embarazada. Si estuviera con otro hombre, sería madre. No lo acepta en la superficie, pero muy en el fondo debe de pensar que porque ese hombre es su marido no ha podido ser madre. En su inconsciente debe de acechar una sombra, que si ese hombre muere encontrará a otro, o algo parecido. Y la idea de que querría matar a los hijos de otros... La está proyectando. Y cuando proyectas tus ideas en otros, tienes miedo a esas personas. Ese hombre le parece un asesino.

Todos hacemos lo mismo. Si niegas una parte de tu ser, si la repudias, ¿dónde la pondrás? Tendrás que ponerla en otras personas.

Han continuado las guerras, continuarán los conflictos y la violencia a menos que el ser humano comprenda que no debe negar nada de sí mismo, sino aceptarlo. Reabsórbelo en tu unidad orgánica, porque la parte negada te creará muchos problemas. Lo que niegues tendrás que ponerlo en otro sitio, tendrás que proyectarlo en alguien. La parte negada se convierte en proyección, y los ojos que proyectan viven un espejismo. No son realistas.

Dice Jean-Paul Sartre: «El infierno son los demás». Es algo que hay que comprender. Todo el mundo piensa así. Sartre simplemente expresa un malentendido muy extendido, un espejismo muy común. Si eres desgraciado piensas que alguien te hace desgraciado. Si estás enfadado piensas que alguien te ha hecho enfadar, pero siempre es otro, no tú.

Si estás enfadado, estás enfadado tú. Si eres desgraciado, eres desgraciado tú. Nadie te obliga. Nadie puede hacer que te enfades a menos que tú decidas enfadarte. Entonces cualquiera puede servir de ayuda, cualquiera puede servir de pantalla en la que tú proyectes. Nadie puede hacerte desgraciado a menos que tú decidas ser desgraciado. Entonces el mundo entero te ayuda a ser desgraciado.

El yo es el infierno, no el otro. La idea misma de «Soy alguien separado del mundo» es el infierno. La separación es el infierno. Olvida el ego y verás... De repente desaparece el sufrimiento, desaparece el conflicto.

Me preguntas: «¿Tengo que aceptar el infierno antes de conocer la dicha?». Desde luego que sí. Tendrás que aceptarlo y comprenderlo. Con esa comprensión y esa aceptación, el infierno quedará reabsorbido en tu unidad. Se disolverá tu conflicto, se disolverá la tensión. Serás más entero, más íntegro. Y cuando estás entero, no existe el ego.

El ego es una enfermedad. Cuando vives desgarrado, cuando vives dividido, moviéndote al mismo tiempo en múltiples direcciones y dimensiones opuestas entre sí, cuando vives en la contradicción, surge el ego.

¿Has sentido alguna vez tu cabeza sin tener dolor de cabeza? Cuando tienes dolor de cabeza, la sientes. Si desaparece el dolor, desaparece la cabeza; no la sientes. Cuando estás enfermo sientes el cuerpo; cuando estás sano, no. La salud perfecta es la incorporeidad, no sentir el cuerpo. Puedes olvidarte de él; nada te empuja a recordarlo.

Una persona completamente sana no hace caso del cuerpo, no recuerda que lo tiene.

Un niño es completamente sano; no tiene cuerpo. El adulto tiene un cuerpo grande, y cuanto más envejece, más se instalan en él la enfermedad, el conflicto. Entonces el cuerpo no funciona como debería, no está en armonía, no está en consonancia, y se nota más.

Si comprendes este sencillo fenómeno, que un dolor de cabeza te hace consciente del cuerpo, debe de ser algo como una enfermedad del alma lo que te hace consciente del yo. Si no, un alma completamente sana no tiene yo. Eso es lo que dice Buda Gautama, que el yo no existe. Solo existe el no yo, y ese es el estado celestial. Eres tan sano y tan armonioso que no necesitas recordar el yo.

Pero por lo general cultivamos el ego. Por un lado intentamos no ser desgraciados y por el otro cultivamos el ego. Todos nuestros esfuerzos son contradictorios.

He oído contar lo siguiente:

> Una altiva señora de la alta sociedad murió y llegó a las puertas del cielo.
>
> —Bienvenida. Entre —le dijo san Pedro.
>
> —Ni hablar —replicó la señora con desdén—. Si aquí puede entrar cualquiera sin haber reservado mesa, no es esa la idea que tenía yo del cielo.

Si aun por casualidad llega un egoísta a las puertas del cielo, no entrará. No es esa la idea que tenía del cielo... ¿Sin reserva puede entrar cualquiera? Entonces, ¿para qué? Solo se debería admitir a unas cuantas personas, muy selectas. Entonces el ego sí puede entrar en el cielo. En realidad, el ego no puede entrar en el cielo; solo en el infierno. Sería mejor decir que el ego lleva su propio infierno adondequiera que vaya.

Ocurrió lo siguiente:

El mulá Nasrudín se cayó a un pozo negro y no podía salir. Se puso a gritar: «¡Fuego, fuego!», y al cabo de un par de horas aparecieron los bomberos.

—¡Aquí no hay ningún fuego! —exclamó el jefe de bomberos—. ¿Por qué ha gritado «fuego»?

—¿Y qué quería que gritase? —preguntó el mulá—. ¿Mierda?

El ego es de tal manera que incluso si está en el infierno no lo admitirá. El ego se adorna continuamente.

Me preguntas: «¿Tengo que aceptar el infierno antes de conocer la dicha?». No hay otra forma. No solo tendrás que aceptarlo, sino comprenderlo y adentrarte en él. Tendrás que sufrir los dolores que te provoque hasta tomar consciencia completa de lo que es. Solo cuando sepas lo que es sabrás cómo lo has creado. Y solo cuando sepas cómo lo has creado podrás decidir si quieres seguir creándolo o no. «No veo cómo», dices. Sí, resulta difícil aceptar el infierno. Nos esforzamos por negarlo. Por eso, aunque estés llorando por dentro sigues sonriendo por fuera. Quizá estés triste, pero finges estar feliz. Te cuesta trabajo aceptar que eres desgraciado, pero si continúas negándolo, poco a poco se desconectará de tu consciencia.

Eso es lo que ocurre cuando decimos que algo se ha hecho inconsciente. Significa que se ha desconectado de la consciencia. Llevas negándolo tanto tiempo que se ha retirado a la zona sombría de tu vida, se ha trasladado al sótano. Nunca te topas con ello, pero sigue funcionando desde allí, afectando a tu ser, envenenándolo.

Si te sientes desgraciado puedes sonreír, pero esa sonrisa está como pintada. Es solo un ejercicio de los labios. No tiene nada que ver con tu ser. Puedes sonreír, enamorar a una mujer con tu sonrisa, pero recuerda que ella hace lo mismo. También sonríe y se siente desgraciada. También finge. De modo que dos sonrisas falsas crean esa situación que llamamos amor. ¿Y cuánto tiempo puedes seguir sonriendo? Tendrás que relajarte. Al cabo de unas horas tendrás que relajarte.

Si observas con atención te darás cuenta; si vives con una persona tres horas te darás cuenta de su realidad. Porque resulta muy difícil fingir, aun durante tres horas. ¿Cómo mantener la sonrisa durante tres horas si esa sonrisa no surge de ti? Se te olvidará una y otra vez y mostrarás tu rostro sufriente.

Puedes engañar unos momentos. Así nos engañamos mutuamente. Y aseguramos ser felices, pero no lo somos. El otro hace lo mismo, y así toda historia de amor es desgraciada, y toda amistad.

Ocultando tu desdicha no saldrás de ella, sino que generarás más desdicha. El primer paso consiste en encontrarla. No des un paso hasta haberte encontrado con tu realidad, y no finjas ser otra persona. Así no puede surgir la felicidad.

Sé tú mismo. Si te sientes desgraciado, sé desgraciado. No pasará nada malo. Te evitarás muchos problemas. Desde luego, nadie va a enamorarse de ti; pues bien: te evitarás muchos problemas. Seguirás solo, pero estar solo no tiene nada de malo. Enfréntate con ello, profundiza, arráncalo del inconsciente y trasládalo a lo consciente. Es una tarea difícil, pero la recompensa es enorme. Una vez que lo hayas visto, puedes deshacerte de ello. Existe sin ser visto, solo en el inconsciente, en la oscuridad. En cuanto enciendes la luz, empieza a marchitarse.

Haz la luz en tu mente y verás: comprenderás que todo lo que produce sufrimiento empieza a morir y a brotar cuando es bello y gozoso. A la luz de la consciencia, lo que queda es bueno, y lo que muere es malo. Esa es mi definición de la virtud y el pecado. El pecado es lo que no puede crecer con la consciencia; necesita la inconsciencia para crecer. La inconsciencia es condición imprescindible para que se desarrolle. La virtud es lo que puede crecer con la consciencia absoluta, sin ninguna dificultad.

*Siempre que me he sentido fatal al terminar una relación, llega un momento en el que me río de mí mismo, siento que vuelvo a ser libre y comprendo que lo único que había hecho hasta entonces era dejar de quererme a mí mismo. ¿Es este el origen del sufrimiento de la mayoría de las personas o son cosas mías?*

No son cosas tuyas. Es el origen del sufrimiento de la mayoría de las personas, pero no en el sentido que tú le atribuyes. No te has hundido en la miseria por haber dejado de quererte a ti mismo, sino que has creado un yo que no existe, en absoluto. Por eso a veces ese yo irreal sufre al amar a otros, porque el amor no es posible cuando se basa en la irrealidad. Y no se da por una sola parte: dos irrealidades intentando amarse... Tarde o temprano esa situación fallará. Cuando falla esa situación, vuelves a ti mismo: ¿adónde vas a ir si no? Por eso piensas: «He olvidado quererme a mí mismo».

En cierto modo supone un pequeño alivio; al menos, en lugar de dos irrealidades ya solo te queda una. Pero ¿qué conseguirás amándote a ti mismo? ¿Y cuánto tiempo podrás hacerlo? Es irreal; no te dejará verlo durante mucho tiempo porque es peligroso; si lo observas mucho tiempo, ese supuesto yo desaparecerá. Eso supondría liberarse realmente del sufrimiento. El amor se mantendrá, sin estar dirigido ni a otro ni a ti mismo. El amor no tendrá destinatario, porque no hay nadie a quien destinarlo, y cuando surge el amor sin destinatario, se vive una gran dicha.

Pero el yo irreal no te dejará mucho tiempo para eso. Dentro de poco volverás a enamorarte de alguien, porque el yo irreal necesita el apoyo de otras irrealidades. Por eso la gente se enamora, se desenamora, se vuelve a enamorar y así sucesivamente... y parece un fenómeno curioso que les pase un montón de veces y sigan sin comprender el porqué. Se sienten desgraciados cuando están enamorados de alguien; se sienten desgraciados cuando están solos, sin enamorarse, aunque con cierto alivio... momentáneo.

En India, cuando muere una persona colocan su cuerpo en una camilla y la llevan a hombros hasta la pira funeraria. Pero la van cambiando de posición por el camino, del hombro izquierdo pasan el peso de la camilla al derecho, y al cabo de unos minutos vuelven a cambiarlo al izquierdo. No cambia nada; el peso sigue allí, sobre el cuerpo, pero el hombro sobre el que se ha estado apoyando nota una especie de alivio. Es momentáneo, porque pronto empezará a doler el otro hombro y habrá que cambiar otra vez.

Y así es tu vida. Cambias al otro, pensando que quizá esa mujer, ese hombre, te llevará al paraíso que siempre has soñado. Pero todo el mundo, sin excepción, te lleva al infierno. No hay que criticar a nadie por eso, porque todos hacen exactamente lo mismo que tú: llevar un yo irreal del que nada puede brotar. No puede florecer. Está vacío; adornado sí, pero vacío y hueco por dentro.

Por eso, cuando ves a alguien desde lejos te resulta atractivo. Cuando te acercas, disminuye la atracción. Cuando os conocéis, no es un encuentro, sino un choque. Y de repente te das cuenta de que la otra persona está vacía y te sientes engañado, estafado, porque la otra persona no tiene nada de lo que parecía prometer. La otra persona se encuentra en la misma situación contigo. Las promesas no se cumplen y os convertís en una carga el uno para el otro, un sufrimiento el uno para el otro, os destruís mutuamente. Os separáis. Durante una temporada sentís alivio, pero vuestra irrealidad interior no os deja mucho tiempo en ese estado; muy pronto estaréis buscando otra mujer, otro hombre, y caeréis en la misma trampa. Solo las caras son distintas; la realidad interior es la misma: el vacío.

Si de verdad quieres liberarte de la tristeza y el sufrimiento, tienes que comprender que no tienes yo. Entonces no sentirás un pequeño alivio, sino un alivio enorme. Y si no tienes yo, desaparece la necesidad del otro. El yo irreal necesitaba al otro para seguir nutriéndose. Ya no necesitas al otro.

Escucha con atención: *cuando no necesitas al otro, puedes amar, y ese amor no te traerá sufrimiento. Al traspasar las necesidades, las exigencias, los deseos, el amor se convierte en un tenue compartir, en un gran entendimiento*. Cuando te comprendes a ti mismo, ese mismo día comprendes a la humanidad entera. Entonces nadie puede hacerte sufrir. Sabes que todos sufren por un yo irreal y que proyectan ese sufrimiento sobre cualquiera que tengan cerca.

Tu amor te permitirá ayudar a la persona que amas a liberarse del yo.

Yo solo conozco un don; el amor solo puede regalarte una cosa: comprender que no eres, que tu «yo» es algo imaginario.

Esta comprensión entre dos personas las transforma de repente en una, porque dos nadas no pueden ser dos. Dos algos son dos, pero dos nadas no pueden ser dos. Dos nadas empezarán a fusionarse y a fundirse. Acabarán siendo una.

Ahora que estamos aquí, por ejemplo, si cada uno es un ego, hay igual número de personas; se pueden contar. Pero en los momentos de absoluto silencio, no se pueden contar cuántas personas hay aquí. Existe una sola consciencia, un solo silencio, una nada, una ausencia del yo. Y únicamente en ese estado pueden vivir dos personas en una alegría eterna. Únicamente en ese estado puede vivir un grupo en una belleza increíble; la humanidad entera puede vivir dichosa.

Pero intenta ver el «yo» y no lo encontrarás. Y no encontrarlo es muy importante. He contado muchas veces la historia del encuentro de Bodhidharma con el emperador chino Wu, un encuentro muy extraño, muy fructífero. El emperador Wu quizá fuera en aquella época el más poderoso del mundo; dominaba toda China, Corea, Mongolia, toda Asia, salvo India. Estaba convencido de la verdad de las enseñanzas de Buda Gautama, pero quienes habían llevado el mensaje de Buda eran eruditos. No había entre ellos ningún místico. Y entonces llegó la noticia de que iba a ir Bodhidharma, lo que despertó gran expectación en aquellas tierras. El emperador Wu estaba influido por Buda Gautama, y eso significaba que también lo estaba su imperio. Iba a llegar un verdadero místico, un Buda. ¡Qué alborozo!

El emperador nunca había ido a recibir a nadie a la frontera de China con India. Dio la bienvenida a Bodhidharma con gran respeto y le dijo:

—He preguntado a todos los monjes y los eruditos que han venido, pero ninguno me ha servido de ayuda. Lo he intentado todo. ¿Cómo librarme de este yo? Porque Buda dice que a menos que te hagas no yo, tu sufrimiento no tendrá fin.

Era sincero. Bodhidharma lo miró a los ojos y respondió:

—Estaré a la orilla del río, en el templo junto a la montaña. Ven mañana, a las cuatro en punto de la mañana, y acabaré con ese yo para siempre. Pero recuerda que no debes llevar armas, ni guardias. Tienes que ir solo.

Wu se quedó un poco preocupado; aquel hombre era raro. «¿Cómo puede destruir mi yo tan rápidamente? Según los estudiosos, se tardan vidas enteras de meditación; solo entonces desaparece el yo. ¡Qué hombre tan extraño! Y quiere que nos reunamos en medio de la oscuridad, a las cuatro de la mañana, solo, sin siquiera una espada, sin guardias, sin nadie que me acompañe... Ese hombre me parece muy raro... Podría hacer cualquier cosa. ¿Y qué quiere decir con que acabará con el yo para siempre? Puede matarme a mí, pero ¿al yo?»

El emperador Wu no pudo dormir durante toda la noche. Cambió de idea muchas veces: ¿ir o no ir? Pero había algo en los ojos de Bodhidharma, en su voz, un halo de autoridad cuando dijo: «Ven a las cuatro en punto, y acabaré con ese yo para siempre. No tienes de qué preocuparte». Sus palabras parecían absurdas, pero su forma de pronunciarlas con aquel aire de autoridad le hacía pensar que sabía lo que se decía. Por último, Wu decidió ir, decidió arriesgarse. «Lo más que puede pasar es que me mate. Y ya lo he intentado todo. No puedo lograr ese no yo, y sin esa ausencia de yo el sufrimiento no tiene fin.»

Llamó a las puertas del templo, y Bodhidharma dijo:

—Sabía que ibas a venir. También sabía que te ibas a pasar la noche dándole vueltas a la cabeza, cambiando de idea. Pero no importa; has venido. Siéntate en la postura del loto, cierra los ojos, y yo me sentaré enfrente de ti. En cuanto descubras el yo dentro de ti, aférralo para que yo lo mate. Sujétalo bien fuerte y dime que lo tienes prisionero. Entonces lo mataré, y se acabó. Es una cuestión de minutos.

A Wu le daba un poco de miedo. Bodhidharma parecía loco: lo representan como un loco; no era así, pero los dibujos son simbólicos. Esa es la impresión que debía de causar. No era su cara real, pero así debía de recordarlo la gente. Estaba sentado frente a Wu, con su gran cayado, y le dijo:

—No esperes ni un segundo. En cuanto lo agarres... busca en cada rendija, abre los ojos y dime que lo has atrapado, y yo acabaré con él.

Después se hizo el silencio. Pasó una hora, pasaron dos horas. Por fin empezó a salir el sol, y Wu era un hombre distinto. Durante aquellas dos horas había mirado en su interior, en todas las rendijas. Tenía que mirar... Aquel hombre estaba allí sentado y podría haberle dado un golpe en la cabeza con el cayado. De Bodhidharma se podía esperar cualquier cosa; no se andaba con remilgos, no tenía buenos modales ni formaba parte de la corte de Wu. Así que Wu tuvo que mirar con toda atención, intensamente. Y mientras miraba fue relajándose... ¡porque no estaba por ninguna parte! Y al buscarlo, desaparecieron todos los pensamientos. La búsqueda fue tan intensa que utilizó toda su energía en ella; no dejó nada por pensar y desear.

Mientras salía el sol Bodhidharma vio la cara de Wu; no era el mismo hombre... tal silencio, tal profundidad. Wu había desaparecido.

Bodhidharma lo sacudió por los hombros y le dijo:

—Abre los ojos. No está ahí. No tengo que matarlo. Estoy en contra de la violencia, y no mato a nadie. Pero ese yo no existe. Sigue existiendo porque no lo buscas. Solo existe si no lo buscas, por tu inconsciencia. Se ha marchado.

Habían pasado dos horas y Wu se sentía increíblemente contento. Jamás había probado tal dulzura, tal frescura, tal belleza. Y ya no era. Bodhidharma había cumplido su promesa. El emperador Wu se inclinó y dijo:

—Perdóname, por favor, por haber pensado que estás loco, por haber pensado que no tienes modales, que eres raro, que puedes ser peligroso. Jamás he visto un hombre tan compasivo como tú... Me siento completamente satisfecho. Ya no tengo ninguna duda.

El emperador Wu dijo que cuando muriese quería las palabras de Bodhidharma grabadas en oro sobre su tumba, para que se conocieran en los siglos venideros... «Érase una vez un hombre que parecía loco, pero que era capaz de obrar milagros. Sin hacer nada me ayudó a ser no yo. Y desde entonces todo ha cambiado. Todo es lo mismo pero yo no soy el mismo, y la vida se ha convertido en un canto de puro silencio.»

## ¿Por qué me duele tanto abandonar las cosas que me causan sufrimiento?

Las cosas que te causan sufrimiento también deben de proporcionarte algún placer, porque en otro caso no se plantearía la pregunta. Si fueran puro sufrimiento las habrías dejado. Pero nada en la vida es puro; todo está mezclado con su opuesto. Todo lleva su opuesto en el vientre.

Lo que llamas sufrimiento, analízalo, adéntrate en él, y verás que te proporciona algo que te gustaría tener. Quizá aún no sea real, quizá se trate de una simple esperanza, quizá de una promesa para el mañana, pero te aferrarás al sufrimiento, te aferrarás al dolor, con la esperanza de que mañana ocurra algo que siempre has deseado y anhelado. Sufres, pero con la esperanza del placer. Si fuera puro sufrimiento, sería imposible que te aferraras a él.

Observa, presta más atención a tu sufrimiento. Sientes celos, por ejemplo, y eso te hace sufrir. Pero mira a tu alrededor:

algo tendrá de positivo. También te proporciona cierto ego, la sensación de ser distinto de los demás, cierto sentimiento de superioridad. Tus celos al menos se disfrazan de amor. Si no sientes celos quizá pienses que has dejado de amar, y te aferras a esos celos porque te gustaría aferrarte a tu amor, o al menos a tu idea del amor. Si tu pareja se va con otra persona y no sientes celos, empezarás a pensar inmediatamente que has dejado de amar. Llevan siglos diciéndonos que los amantes son celosos. Los celos se han convertido en parte intrínseca de tu amor; sin celos el amor muere; el llamado amor solo puede vivir con celos. Si quieres tu amor tendrás que aceptar los celos y el sufrimiento que producen.

Y tu mente es muy astuta, muy lista, y encuentra racionalizaciones. Te dirá: «Es natural sentir celos». Y parece natural porque a todos les pasa lo mismo. Tu mente dirá: «Es natural sentirse herido cuando te deja tu amante, porque tú has amado mucho. ¿Cómo evitar el dolor, la herida, cuando te deja tu amante?». En realidad, disfrutas de esa herida, de una forma inconsciente, muy sutil. Esa herida te hace pensar que eres un gran amante, que has amado mucho, profundamente. Tu amor era tan profundo que estás destrozado por el abandono de tu amante. Incluso si no estás destrozado, fingirás estarlo, te creerás tu propia mentira. Actuarás como si sufrieras terriblemente, llorarás... y quizá tus lágrimas no sean verdaderas, pero para consolarte, para pensar que eres un gran amante, tendrás que llorar.

Observa cada clase de sufrimiento: o encierra algún placer que no estás dispuesto a perderte, o una esperanza, como la zanahoria que le ponen delante al asno. Y parece tan cercano, a la vuelta de la esquina, y después de tanto viajar, la meta parece al alcance de la mano... ¿por qué dejarlo? Ya encontrarás alguna racionalización, alguna hipocresía.

Hace unos días me escribió una mujer para contarme que la había dejado su pareja y no se sentía mal. Quería saber si era algo raro. «¿Por qué no me siento mal? ¿Soy demasiado dura, como de piedra? No sufro en absoluto.» Eso me decía. ¡Sufre porque no sufre! «Por el contrario, he de reconocer que me siento feliz, y eso me pone muy triste. ¿Qué clase de amor es ese? Me siento feliz, aliviada; se me ha quitado un gran peso de encima.» Y me preguntaba: «¿Es normal? ¿Estoy bien o tengo algún problema grave?».

A esa mujer no le pasa nada; está perfectamente bien. Lo cierto es que cuando, tras una larga vida juntos y todo el sufrimiento que necesariamente se pasa cuando dos personas están juntas, se separan dos amantes, supone un alivio. Pero va en contra del ego reconocer que es un alivio. Por lo menos durante unos días irás a todos lados con cara larga, con lágrimas en los ojos... lágrimas de cocodrilo, pero esa es la idea que predomina en el mundo.

Si se muere alguien y tú no te entristeces, empezarás a pensar que te pasa algo. ¿Cómo evitar la tristeza cuando alguien muere? Cuando siempre nos han dicho que es lo natural, lo normal, y todo el mundo quiere ser natural y normal. No es lo normal; es lo que siente la media de la población. No es lo natural, sino una costumbre fomentada durante siglos; no hay nada por lo que llorar ni por lo que lamentarse. La muerte no destruye nada. El cuerpo es polvo y se reduce a polvo, y la consciencia tiene dos posibilidades: si aún alberga deseos se trasladará a otro vientre, y si han desaparecido todos los deseos se trasladará al vientre de la existencia, a la eternidad. Nada se destruye. El cuerpo vuelve a formar parte de la tierra, descansa, y el alma se traslada a la consciencia universal o a otro cuerpo.

Pero no paras de llorar y de arrastrarte con tu tristeza. Es una simple formalidad, o si no es una formalidad existen todas las posibilidades de que nunca quisieras a la persona que ha muerto y ahora te arrepientas. No amaste a esa persona completamente y ya no queda tiempo. Esa persona ha desaparecido, ya no estará disponible. Quizá discutiste con tu marido y murió esa misma noche mientras dormía; ahora dirás que lloras porque ha muerto, pero en realidad estás llorando porque ni siquiera pudiste pedirle perdón. Ni siquiera pudiste despedirte de él. Esa discusión penderá sobre ti para siempre como una nube.

Si vives momento a momento, en su totalidad, no habrá arrepentimiento, ni culpa. Si has amado totalmente, no habrá ninguna duda. Si un día el amante se marcha, sencillamente significa que vuestros caminos se separan. Podemos despedirnos, podemos darnos las gracias. Compartimos mucho, amamos mucho, hemos enriquecido mutuamente nuestras vidas... ¿por qué llorar, por qué sufrir?

Pero los seres humanos están tan metidos en sus racionalizaciones que no pueden ver más allá. Y lo racionalizan todo; incluso las cosas más sencillas se hacen muy complicadas.

Me preguntas: «¿Por qué me duele tanto abandonar las cosas que me causan sufrimiento?». Todavía no estás convencido de que te causen sufrimiento. Digo que te causan sufrimiento, pero que tú aún no estás convencido. Y no se trata de que yo lo diga; lo fundamental es que tú lo comprendas: «Estas son las cosas que me hacen sufrir». Y tienes que comprender que en tu sufrimiento has invertido mucho. Si quieres esas inversiones tendrás que aprender a vivir con el sufrimiento; si quieres librarte del sufrimiento, también tendrás que abandonar esas inversiones.

¿Te has fijado en una cosa? Si le cuentas a alguien lo mucho que sufres, se pone de tu parte, te comprende. Todo el mundo compadece al que sufre. Si te gusta que la gente te compadezca, no puedes olvidar el sufrimiento: en eso has invertido.

El marido que lo está pasando mal vuelve a casa y su mujer es cariñosa, comprensiva. Cuanto más desgraciado se siente, más se ocupan de él sus hijos, y más le demuestran su amistad los amigos. Todo el mundo se ocupa de él. En cuanto empieza a ser feliz dejan de apoyarlo; una persona feliz no necesita apoyo. Cuanto más feliz es, menos personas se preocupan por él. De repente no le importas a nadie. Se hacen los duros. Y entonces, ¿cómo vas a librarte del sufrimiento?

Tendrás que librarte de ese deseo de que la gente te preste atención, de ese deseo de compasión. Francamente, desear que la gente te compadezca queda fatal: parece que estuvieras mendigando. Y recuerda una cosa: que te compadezcan o te comprendan no equivale al amor. Te hacen un favor, cumplen una especie de obligación... No es amor. A lo mejor no les caes bien pero serán amables contigo. Son los buenos modales, la cultura, la civilización, pura ceremonia... pero tú vives con falsedades. Tu sufrimiento es real y lo que consigues es falso. Por supuesto, si consigues ser feliz, si te libras de tus sufrimientos, supondrá un cambio radical en tu modo de vida: las cosas pueden empezar a cambiar.

Un día vino a verme una mujer, la esposa de uno de los hombres más ricos de India, y me dijo:

—Quiero meditar, pero mi marido está en contra.

Yo le pregunté:

—¿Por qué se opone tu marido a la meditación?

Me contestó:

—Porque dice: «Te quiero como eres. No sé qué pasará después de la meditación. Si empiezas a meditar cambiarás, y entonces no sé si seguiré queriéndote, porque serás otra persona».

Yo le dije a esa mujer:

—Tu marido tiene parte de razón... Desde luego que cambiarán las cosas. Tú serás más libre, más independiente. Te sentirás más alegre, y tu marido tendrá que aprender a vivir con una mujer distinta. A lo mejor no le gustas así; quizá empiece a sentirse inferior. Ahora se siente superior a ti.

Y también le dije:

—Tu marido tiene razón. Antes de adentrarte en el camino de la meditación tienes que reflexionar, porque te aguardan muchos peligros.

No me hizo caso; empezó a meditar. Ahora está divorciada. Vino a verme hace unos años y me dijo:

—Tenías razón. Cuanto más silenciosa estaba, más se enfurecía mi marido conmigo. Nunca se había puesto tan violento... Era algo muy raro. Cuanto más silenciosa y tranquila estaba, más agresivo se ponía él.

Estaba en juego su mente machista. Quería destruir la paz y el silencio que vivía la mujer para seguir siendo superior. Y como no salió como él quería se divorció.

¡Qué mundo tan extraño! Si consigues la paz, cambia tu relación con la gente, porque te conviertes en otra persona. Si tu relación era por tu sufrimiento, esa relación puede desaparecer.

Vamos a hablar de un antiguo amigo mío. Era profesor en la misma universidad que yo, y hacía una gran labor social. En India sigue siendo un problema qué hacer con las viudas. Nadie quiere casarse con ellas, ni ellas están muy dispuestas a volver a casarse; parece un pecado. Y este profesor estaba decidido a casarse con una viuda. No le importaba estar enamorado de ella o no; eso era algo secundario, irrelevante; lo único que le importaba es que fuera viuda. Y poco a poco convenció a una mujer para que se casara con él.

Yo le dije a aquel hombre:

—Antes de dar ese paso definitivo, piénsatelo al menos tres días, aíslate para pensarlo. ¿Estás enamorado de esa mujer o se trata de ayudar a la sociedad? —Casarse con una viuda en India se considera algo revolucionario, radical—. ¿Qué quieres, demostrar lo revolucionario que eres? Si lo que intentas es demostrar que eres revolucionario, tendrás problemas... En cuanto te cases con ella dejará de ser viuda y dejará de interesarte.

No me hizo caso. Se casó... y al cabo de seis meses me dijo:

—Tenías razón. No te entendí. Estaba enamorado de su viudez, no de ella, y ha dejado de ser viuda, claro.

Le dije:

—Puedes hacer una cosa. Suicídate, déjala viuda y así darás a otro hombre la oportunidad de ser revolucionario.

¿Qué podía hacer si no?

La mente humana es absurda, inconsciente. Está profundamente dormida, roncando.

No puedes dejar las cosas que te causan sufrimiento porque aún no has visto las inversiones que has realizado, no las has observado en profundidad. No has comprendido que obtienes cierto placer de tu sufrimiento. Tendrás que renunciar a ambas cosas, y entonces desaparecerá el problema. En realidad, el sufrimiento y el placer solo pueden abandonarse al mismo tiempo, y entonces surge la dicha.

La dicha no es placer. La dicha no es ni siquiera felicidad. La felicidad siempre va unida a la infelicidad, y el placer al dolor. Al renunciar a ambos... Quieres dejar de sufrir para ser feliz; lo enfocas mal. Tienes que dejar ambas cosas. Al ver que van unidos, los dejas; no puedes elegir solo una parte.

Todo en la vida tiene una unidad orgánica. Dolor y placer no son dos cosas. En realidad, con un lenguaje más científico abandonaríamos esas dos palabras, dolor y placer, para acuñar una sola: placerdolor, felicidadinfelicidad, dianoche, vidamuerte. Son una sola palabra porque son inseparables. Y tú quieres elegir una parte, quieres las rosas pero no las espinas, quieres el día pero no la noche, el amor pero no el odio. Eso no va a ocurrir; las cosas no son así. Tienes que dejar ambas, y así surgirá un mundo completamente distinto, el mundo de la dicha.

La dicha es la paz absoluta, que ni el dolor ni el placer pueden perturbar.

Para celebrar su cuadragésimo aniversario Seymour y Rose volvieron a la habitación de la segunda planta del hotel en la que habían pasado la luna de miel.

—Como esa primera noche, nos desnudamos, nos ponemos en rincones opuestos de la habitación, apagamos la luz y corremos a abrazarnos.

Se desnudaron, se pusieron en rincones opuestos, apagaron la luz y corrieron a abrazarse. Pero su sentido de la dirección se había embotado tras cuarenta años; Seymour pasó junto a Rose y se cayó por la ventana. Aterrizó en el jardín, aturdido. Dio unos golpecitos en la ventana del vestíbulo para llamar la atención del recepcionista.

—Me he caído. Quiero volver a mi habitación pero estoy desnudo.

—No se preocupe —dijo el recepcionista—. No va a verlo nadie.

—¿Se ha vuelto loco? ¡Tengo que pasar por el vestíbulo y voy desnudo!

—No va a verlo nadie —insistió el recepcionista—. Está todo el mundo arriba intentando arrancar a una señora del tirador de una puerta.

¡Qué tonta es la gente! No solo los más jóvenes; cuanto más viejo, más tonto te pones. Cuanta más experiencia, parece que se acumula más estupidez en la vida. Raramente ocurre que una persona empiece a observar su propia vida.

Observa en qué consiste tu sufrimiento, qué deseos lo causan y por qué sigues aferrado a esos deseos. Y no es la primera vez que te aferras a esos deseos; siempre has vivido así, y no te ha llevado a ninguna parte. Vas trazando círculos, y no logras crecer. Sigues siendo infantil, estúpido. Naces con la inteligencia para llegar a ser un Buda, pero la malgastas en cosas innecesarias.

Un granjero que solo tenía dos viejos toros impotentes compró uno joven y vigoroso. El semental empezó a cubrir una vaca tras otra en el prado. Tras observar aquello durante una hora, uno de los toros viejos se puso a escarbar con las pezuñas y a resoplar.

—¿Qué te pasa? —le preguntó el otro—. ¿Ideas de juventud?

—No —dijo su compañero—. Pero no quiero que ese jovencito me tome por una vaca.

Los seres humanos siguen con su ego incluso en la vejez. Tienen que fingir, tienen que mantener una pose, y su vida entera no es sino una larga historia de sufrimiento. Siguen defendiéndolo. En lugar de estar dispuestos a cambiarlo, se ponen a la defensiva.

Deja todas las defensas, quítate la armadura. Empieza a observar cómo vives la vida cotidiana, momento a momento. Y hagas lo que hagas, métete en los detalles. No hace falta que vayas a un psicoanalista; tú mismo puedes analizar todas las pautas que marcan tu vida. Es un proceso muy sencillo. Obsérvalo y comprenderás lo que ocurre, lo que ha ocurrido. Siempre has elegido, y en eso consiste el problema, que has elegido una parte en detrimento de la otra, y las dos van unidas. No elijas nada. Limítate a observar y estar atento, y te encontrarás en el paraíso.

## ¿Deberíamos aceptar nuestra soledad antes de iniciar una relación?

Sí, hay que aceptar la soledad, para que esa soledad se transforme en la condición de estar solo. Únicamente así serás capaz de iniciar una relación profunda y enriquecedora, de iniciarte en el amor. ¿A qué me refiero con que hay que aceptar la soledad hasta el punto de que se transforme en estar solo?

La soledad es un estado mental negativo. Estar solo es positivo, a pesar de lo que digan los diccionarios. En los diccionarios, ambos conceptos son sinónimos, pero no en la vida. La soledad es un estado mental en el que constantemente echas de menos al otro. Estar solo es el estado en el que constantemente disfrutas contigo mismo. La soledad es tristeza; estar solo es dicha. La soledad significa preocupación, echar en falta algo, anhelar algo, desear algo. Estar solo supone una profunda satisfacción, no necesitar salir, sentirse increíblemente contento, feliz, con ánimo festivo. En soledad estás descentrado. Cuando estás solo estás centrado, arraigado. Estar solo es hermoso; te rodea la elegancia, la gracia, un clima de enorme satisfacción. La soledad empobrece; todo lo que la rodea es pobreza y nada más. No tiene nada de elegante; en realidad es fea. La soledad significa dependencia; estar solo, absoluta independencia. Te sientes como si fueras el mundo entero, la existencia entera.

Si te adentras en una relación cuando te sientes solo, explotarás a la otra persona. El otro se convertirá en un medio para tu satisfacción. Utilizarás al otro, y a todo el mundo le molesta ser utilizado, porque nadie está aquí para convertirse en medio para nadie. Toda persona es un fin en sí mismo. No se puede utilizar a nadie como un objeto; todos estamos en este mundo para ser respetados como reyes. Nadie viene a este mundo para cumplir las expectativas de otros; todos estamos aquí para ser nosotros mismos. De modo que cuando inicias una relación porque te sientes solo, esa relación ya se ha ido a pique. Se va a pique incluso antes de empezar. Antes de nacer, el niño ya está muerto. Te va a causar más sufrimiento. Y recuerda que cuando actúas movido por la soledad inicias una relación con alguien que se encuentra en la misma situación que tú, porque nadie que esté solo y disfrutando realmente de ello se sentirá atraído por ti. Estarás muy por debajo de esa persona. Como mucho te compadecerá, pero no podrá amarte. Quien está solo de verdad únicamente puede amar a alguien que también está solo de verdad. De modo que cuando actúas impulsado por la soledad, encontrarás el mismo tipo de persona, encontrarás tu reflejo. Coincidirán dos mendigos, dos sufrientes. Y recuerda también que cuando se encuentran dos personas que sufren, no se trata de una suma, sino de una multiplicación. Juntos se harán sufrir mutuamente más que en su soledad.

En primer lugar tienes que estar solo. En primer lugar tienes que aprender a disfrutar de estar solo, a quererte a ti mismo. En primer lugar sé tan auténticamente feliz que si no aparece nadie no te importará. Estás pleno, desbordante. Si nadie llama a tu puerta, no pasa nada, no echas nada en falta. No esperas que nadie llame a tu puerta. Estás en casa; si alguien viene, estupendo. Si no viene nadie, también estupendo. Entonces puedes adentrarte en una relación. Porque entonces puedes ser el amo, no el mendigo, porque entonces serás como un emperador, no como un mendigo.

Y la persona que ha vivido sola siempre se sentirá atraída por otra que también disfruta de estar sola porque los iguales se atraen. Cuando se encuentran dos amos —amos de su ser, de su estar solo—, no se produce una suma de felicidad, sino una multiplicación. Se convierte en un increíble fenómeno festivo. Y no explotan; comparten. No se utilizan mutuamente. Por el contrario, se hacen uno y disfrutan de la existencia que los rodea.

Dos personas solitarias siempre están enfrentadas, una frente a otra. Dos personas que han conocido el estar solas están juntas y ante algo más elevado que ellas. Siempre pongo este ejemplo: dos amantes normales, ambos solitarios, siempre están frente a frente; dos amantes de verdad, en una noche de luna llena, no estarán frente a frente. Quizá se tomen de la mano, pero frente a la luna llena, allá arriba, en el cielo. No estarán frente a frente, sino juntos frente a otra cosa. Alguna vez escucharán juntos una sinfonía de Mozart, Beethoven o Wagner. Otra veces escucharán junto a una cascada la música salvaje que fluye allí continuamente. Otras veces, junto al mar, contemplarán el horizonte, hasta donde alcanza la vista. Cuando se conocen dos personas solitarias, se miran mutuamente, porque siempre buscan formas y maneras de explotar al otro, de utilizar al otro, de ser feliz por mediación del otro. Pero dos personas profundamente contentas consigo mismas no intentarán utilizarse mutuamente. Por el contrario, serán compañeros de viaje, como en una peregrinación. La meta es muy elevada, está muy lejos. Los une su interés común.

Por lo general, el interés común es el sexo. El sexo puede unir a dos personas de una forma momentánea, superficial. Los amantes de verdad tienen en común un interés más importante. No se trata de que no haya sexo; puedo haberlo, pero como parte de una armonía más elevada. Escuchando una sinfonía de Mozart o Beethoven pueden llegar a estar tan, tan próximos, como para hacer el amor, pero en esa armonía superior de una sinfonía de Beethoven. La sinfonía es lo real; el amor forma parte de esa sinfonía. Y cuando surge el amor por sí solo, sin haberlo buscado, sin haber pensado en él, surge como parte de una armonía más elevada, con una cualidad completamente distinta. Es divino, no humano.

La palabra inglesa *happiness*, felicidad, deriva de la palabra escandinava *hap*, la misma raíz de *happening*, suceso, algo que ocurre porque sí. La felicidad se da porque sí; no se puede producir, no se puede forzar. Como mucho, puedes estar disponible para ella. Cuando ocurre, ocurre.

Dos verdaderos amantes siempre están disponibles, pero nunca piensan en la felicidad, nunca intentan encontrarla. Por eso nunca se sienten frustrados; cuando sucede, sucede. Ellos crean la situación; en realidad, si te sientes feliz contigo mismo, ya eres esa situación, y si el otro o la otra también se siente feliz consigo mismo, también es esa situación. Cuando se aproximan esas dos situaciones, se crea una situación más grande. En esa situación mayor ocurren muchas cosas, pero no se hace nada.

El ser humano no tiene que hacer nada para ser feliz. Solo tiene que fluir, dejarse ir.

De modo que la pregunta es la siguiente: ¿deberíamos aceptar nuestra soledad antes de iniciar una relación? La respuesta es: sí, desde luego. Así ha de ser, porque si no te sentirás frustrado, y harás otra cosa en nombre del amor, algo que no tiene nada que ver con el amor.

*¿Es que no hay nada más? La vida me parece vacía, sin sentido. No dejo de pensar que tiene que haber algo más. Quiero que haya algo más*

Hay mucho más, infinitamente más, pero tu deseo erige una barrera para que no lo consigas. El deseo es como un muro que te rodea; la ausencia de deseo te abre una puerta.

Esta es una de las leyes más paradójicas de la vida, pero también una de las más fundamentales: desea algo y lo perderás; no lo desees y lo obtendrás.

Dice Jesucristo: «Busca y hallarás». Buda dice: «No busques, porque no encontrarás». Dice Jesucristo: «Pide y se te concederá». Dice Buda: «No pidas, porque así no te será concedido». Jesucristo dice: «Llama a las puertas, y se te abrirán». Buda dice: «Espera... observa...». Las puertas no están cerradas. Si llamas, el hecho mismo de llamar demuestra que estás llamando a otro sitio —a una pared—, porque las puertas están siempre abiertas.

Jesucristo fue un iluminado, como Buda, ni más ni menos iluminado. Entonces ¿por qué esa diferencia? La diferencia se centra en las personas a las que se dirigía Jesucristo. Se dirigía a personas que no estaban iniciadas, que no estaban iniciadas en los misterios de la vida. Buda se dirige a un grupo de personas completamente distintas, los iniciados, los expertos, quienes pueden comprender lo paradójico. Lo paradójico significa lo misterioso.

Dices: «Mi vida parece vacía, sin sentido...». Te parece tan vacía y absurda porque siempre ansías más y más. Olvídate de esas ansias, y sufrirás una transformación radical. En cuanto dejas de pedir más, desaparece ese vacío. El vacío es un derivado de pedir más y más, una sombra que persigue al deseo de querer más. Deja que desaparezca el deseo y mira hacia atrás: la sombra ya no está ahí.

En eso consiste la mente, en un continuo pedir más y más. No importa que tengas esto o lo otro; la mente pedirá más. Y porque no para de pedir más te sientes vacío, como si estuvieras perdiéndote muchas cosas. Y debes comprender lo siguiente: que el vacío surge porque pides más y más. El vacío no existe, es mentira, pero te parecerá muy real cuando te quedes atrapado en la red del deseo.

Has de comprender que el deseo es la causa de tu vacío. Observa esos deseos, y al observarlos desaparecerán, y el vacío con ello. Entonces te invadirá una profunda satisfacción. Te sientes tan pleno que te desbordas. Tienes tanto que empiezas a compartir, empiezas a dar, a dar por el puro placer de dar, sin ninguna otra razón. Te conviertes en una especie de nube henchida de lluvia: el agua tiene que caer en alguna parte. Caerá incluso sobre las piedras en las que no puede crecer nada; caerá aquí y allá. La nube no va a preguntar si tiene que caer en este sitio o en el otro. Estará tan cargada de lluvia que descargará el agua donde sea.

Cuando desaparece el deseo, tu dicha es tan plena, te sientes tan contento, tan pleno de *plenitud,* que empiezas a compartir. Sucede porque sí. Y entonces la vida empieza a tener sentido, empieza a tener significado. Entonces surgen la poesía, la belleza, la gracia. Entonces surgen la música, la armonía... Tu vida se convierte en una danza.

Como el vacío y el sinsentido es algo que tú has hecho por ti mismo, también puedes deshacerlo. Dices: «No dejo de pensar que tiene que haber algo más». Eso es lo que crea el problema. Y yo no digo que no haya nada más; desde luego que lo hay, mucho más de lo que te imaginas. Yo lo he visto, lo he oído, lo he experimentado... ¡Hay mucho más, infinitamente mucho más! Pero nunca te pondrás en contacto con ello si tu deseo continúa. El deseo es un muro; el no deseo es un puente. La dicha es un estado de no deseo; el sufrimiento es un estado de deseo.

Dices: «Quiero que haya algo más». Cuanto más quieras más perderás. Tú puedes elegir. Si quieres seguir sufriendo, desea más y más y te perderás más y más. Recuerda que lo eliges tú, que tú eres el responsable. Nadie te obliga. Si realmente quieres ver lo que es, no te preocupes por el futuro, no ansíes algo más. Fíjate únicamente en lo que es.

La mente pide, desea, exige constantemente y crea frustraciones porque vive de expectativas. El mundo entero padece una sensación de sinsentido, por la razón de que el ser humano pide más de lo que ha pedido nunca. Por primera vez el ser humano desea más de lo que ha deseado jamás. La ciencia le ha dado tanta esperanza, lo ha apoyado tanto para que deseara más... A principios del siglo XX reinaba un gran optimismo porque la ciencia estaba abriendo nuevas puertas y todos pensaban: «Ha llegado la era dorada; está a la vuelta de la esquina. Lo hemos conseguido. Nuestros ojos verán el paraíso sobre la tierra». Y naturalmente todo el mundo empezó a desear más y más.

El paraíso no ha descendido a la tierra. Por el contrario, la tierra se ha convertido en un infierno. La ciencia desató vuestros deseos, fomentó vuestros deseos. Fomentó las esperanzas de cumplir esos deseos, con el resultado de que el mundo entero vive sumido en el sufrimiento. Nunca había ocurrido esto. Es muy extraño, porque por primera vez el hombre posee más cosas que nunca. Tiene más seguridad, más tecnología científica, más comodidades que nunca, pero también todo tiene menos sentido. El hombre jamás ha estado tan desesperado, jamás se ha esforzado tan desesperadamente por conseguir más.

La ciencia te da deseos; la meditación te proporciona una compresión del deseo. Esa comprensión te ayuda a dejar de desear. Y de repente algo que hasta ahora estaba oculto se desvela, se manifiesta. Algo brota en tu ser, y se cumple todo lo que habías deseado, y más. Dispones de más de lo que podrías haberte imaginado, de lo que nadie había imaginado. Sobre ti desciende una dicha increíble. Pero prepara el terreno, prepara la tierra adecuada. El no desear es el terreno adecuado.

Mantente en un estado receptivo. Eres agresivo; quieres más, y eso es una agresión sutil. Sé receptivo, abierto, accesible... y tendrás derecho a todos los milagros posibles.

*Me siento atrapado. La frustración del aburrimiento*
*aumenta cuando pienso que cualquier cosa*
*que yo haga es un frenesí absurdo.*
*¿Qué es exactamente el aburrimiento?*

El aburrimiento es una de las cosas más importantes de la vida humana. Solo el hombre es capaz de aburrirse; ningún otro animal puede aburrirse. El aburrimiento existe únicamente cuando la mente empieza a aproximarse a la iluminación. El aburrimiento es el polo opuesto de la iluminación. Los animales no pueden alcanzar la iluminación, y por tanto, tampoco pueden aburrirse.

El aburrimiento simplemente demuestra que estás tomando conciencia de la inutilidad de la vida, de su rueda repetitiva. Ya has hecho todas esas cosas; nada funciona. Ya has hecho todos esos viajes; nada sale de ellos. El aburrimiento es la primera señal de que estás logrando una gran comprensión de la inutilidad, del sinsentido de la vida.

Puedes reaccionar ante el aburrimiento de dos maneras. Una es lo que hace la mayoría de las personas: escapar de él, evitarlo, no mirarlo a la cara, no enfrentarse con él, dejarlo atrás y huir, dedicarte a cosas que te mantengan ocupado, que puedan convertirse en obsesiones, que te alejen tanto de las realidades de la vida que no vuelvas a ver surgir el aburrimiento.

Por eso se han inventado el alcohol, las drogas. Son formas de escapar del aburrimiento. Pero en realidad no se puede escapar de él; solo se puede evitar una temporada. El aburrimiento volverá una y otra vez, y cada vez con más fuerza. Puedes escaparte entregándote al sexo, a comer demasiado, a la música, a miles de cosas, pero el aburrimiento volverá. No es algo que pueda evitarse; forma parte del desarrollo humano. Hay que enfrentarse a él.

La otra respuesta es enfrentarse con él, meditar sobre él, ser él. Eso es lo que hizo Buda bajo el árbol *bodhi*, eso es lo que llevan haciendo los que practican el zen desde hace siglos.

¿Qué es exactamente la meditación? Enfrentarse al aburrimiento es meditación. ¿Qué es lo que hace el meditador? Sentado en silencio, o controlando la respiración, ¿crees que se entretiene con esas cosas? ¡Se aburre terriblemente! Por eso el maestro zen va con un bastón en la mano, porque los que se aburren se quedan dormidos. No hay otra escapatoria; por lo menos pueden dormirse. No pueden escapar. Se inician en la disciplina zen por voluntad propia; no pueden escapar. Pero siempre hay una posibilidad de escapar: dormir, y olvidarse de todo. Por eso nos sentimos somnolientos durante la meditación.

En la meditación hay que esforzarse únicamente por una cosa: abúrrete pero no escapes, y mantente alerta, porque si te duermes has escapado. ¡Mantente alerta! Observa, sé testigo. Si está ahí, está ahí. Hay que mirarlo, penetrar en el núcleo.

Si sigues indagando en el aburrimiento sin escapar, llegará la explosión. Un día, de repente, al adentrarte en las profundidades del aburrimiento, penetrarás en tu propia nada. El aburrimiento es la tapadera, el contenedor de tu nada interior. Si escapas del aburrimiento, escaparás de tu nada. Si no escapas del aburrimiento, si empiezas a vivir con él, si empiezas a aceptarlo, a recibirlo... En eso consiste la meditación: en aceptar el aburrimiento, en adentrarte en él tú solo, sin esperar a que llegue, sino buscándolo.

Si te pasas sentado horas enteras en una postura de yoga, controlando la respiración, te aburres mortalmente. Y la enseñanza de la meditación contribuye al aburrimiento. En un monasterio zen tienes que levantarte todas las mañanas a la misma hora; todos los días, año tras año. Igual da que sea vera-

no o invierno. Tienes que levantarte temprano, a las tres, y ba-
ñarte. Tienes que tomar el mismo té, sentarte... Los mismos
gestos una y otra vez. Y durante todo el día la misma rutina: de-
sayunar a una hora determinada, después volver a meditar, a
continuación comer, también a una hora concreta... ¡y la misma comida! Todo contribuye al aburrimiento.

Y la misma ropa, el mismo monasterio, el mismo maestro
todos los días circulando con el bastón. Todas las tardes tienes
que asistir a una sesión con el maestro. Y las preguntas que te
plantea para que medites son así de aburridas: «¿Cuál es el sonido de una mano dando palmadas?». Solo de pensarlo te vuelves loco. «¿Cuál es el sonido de una mano dando palmadas?» No
tiene respuesta, y tú lo sabes; todo el mundo sabe que no hay
respuesta. Pero el maestro insiste: «Repítelo, medita sobre
ello».

Está todo bajo un perfecto control. Hay que crear el aburrimiento... un aburrimiento mortal. Hay que dar entrada al aburrimiento lo más posible, fomentarlo, apoyarlo por todos lados.
Las mismas tardes, la misma tarea, entonar los mismos mantras. La misma hora para ir a acostarte... Y así sucesivamente,
la misma rueda. Al cabo de unos días te aburres terriblemente
y no puedes escapar. No hay forma de escapar. No puedes ir a
ver una película, no puedes ver la televisión, no tienes nada que
te ayude a evitarlo. Te ves sumido en lo mismo una y otra vez.

Hace falta mucho valor para afrontarlo. Es casi como la
muerte, más duro que la muerte, porque la muerte sobreviene
cuando te quedas inconsciente. Y estás provocando todo tipo de
aburrimiento. ¿Qué ocurre? En eso consiste el secreto de toda
meditación: si observas, si no dejas de observar, el aburrimiento aumentará, se intensificará, hasta llegar al culmen. Nada
dura eternamente; llega un punto en que la rueda se vuelve hacia el otro lado. Si puedes llegar hasta el otro extremo, al pun-

to culminante, entonces se produce el cambio, la transformación, la iluminación, el *satori* o como queramos llamarlo. Y de
repente un día el aburrimiento resulta excesivo. Te sientes aho-
gado, como si estuviera a punto de matarte. Estás rodeado por
un mar de aburrimiento. Te sientes desbordado y no ves forma
de escapar. Y la rueda gira. De repente el aburrimiento desaparece y llega el *satori*, el *samadhi*. Has entrado en tu nada.

Ya no habrá más aburrimiento. Has visto la nada misma de
la vida. Has desaparecido... ¿Cómo vas a aburrirte? ¿Con qué?
Has dejado de existir. Estás aniquilado.

Me preguntas: «¿Qué es exactamente el aburrimiento?».

Un gran fenómeno espiritual. Por eso no se aburren los búfalos; parecen contentos, felices. Solo el ser humano se aburre.
Y entre los humanos, únicamente las personas muy inteligen-
tes, con mucho talento. Los tontos no se aburren. Se sienten
felices con su trabajo, ganando dinero, engrosando su cuenta
corriente, criando a sus hijos, reproduciéndose, comiendo,
viendo una película, yendo a un restaurante, participando en
esto y lo otro. ¡Disfrutan! No se aburren. Son los tipos más ba-
jos; en realidad pertenecen al mundo de los búfalos. Todavía no
son humanos.

Una persona se hace humana cuando empieza a sentirse
aburrida. No hay más que verlo: el niño más inteligente es el
que más se aburre, porque nada puede mantener su interés durante mucho tiempo. Tarde o temprano se topa con esa realidad
y pregunta: «Bueno, ¿y qué? ¿Ahora qué? Ya está. He visto este
juguete, lo he investigado, lo he abierto, lo he analizado, y ya
está». Cuando llega a la juventud, ya está aburrido.

Buda estaba mortalmente aburrido. Abandonó su reino a la
edad de veintinueve años, en la flor de la vida. Estaba mortalmente aburrido, de las mujeres, del vino, de las riquezas, de su
reino, de todo. Lo había visto todo, lo había visto todo una y mil

veces. Estaba aburrido. Recuerda que no renunció al mundo porque el mundo esté mal. Se suele decir que renunció al mundo porque el mundo es malo, pero eso es una tontería. Renunció al mundo porque estaba aburrido de él.

El mundo no es ni bueno ni malo. Si eres inteligente, te aburres. Si eres tonto, puedes seguir adelante. Es como un tiovivo, en el que pasas de una sensación a otra. Te interesan las banalidades, las repites una y otra vez y no eres consciente de la repetición, no te das cuenta de que ayer estabas haciendo esto, hoy lo mismo y mañana piensas hacer lo mismo. Debes de ser muy poco inteligente. ¿Cómo puede evitar la inteligencia el aburrimiento? Es imposible. Tener inteligencia significa ver las cosas como son.

Buda dejó el mundo por aburrimiento; mortalmente aburrido, huyó del mundo. ¿Y qué hizo en los bosques durante seis años? Aburrirse todavía más. ¿Qué puedes hacer todo el día sentado entre árboles, controlando la respiración, mirándote el ombligo, un día tras otro, un año tras otro? Llevó ese aburrimiento al culmen, y una noche desapareció. El aburrimiento desaparece porque sí.

Si llegas al culmen... se produce el giro. Claro que se produce. Y con ese giro, la luz penetra en tu ser... tú desapareces y solo queda la luz. Y con la luz llega el gozo. Te llenas de alegría... *no eres*, pero estás lleno de alegría, sin razón alguna. Sencillamente, la alegría brota a borbotones en tu ser.

La persona normal y corriente está alegre por alguna razón, porque se ha enamorado de un hombre o una mujer y se siente alegre. Esa alegría es momentánea. Esa persona mañana estará harta de la otra y empezará a buscar de nuevo. La persona normal y corriente está contenta porque tiene un coche nuevo; mañana tendrá que empezar a buscar otro coche. Y así una y otra vez... y no se da cuenta de que al final, siempre se aburre.

Hagas lo que hagas, al final te aburrirás, porque todo produce aburrimiento. La persona inteligente lo ve, y cuanto antes lo veas más inteligente demostrarás que eres.

Entonces ¿qué queda? Entonces lo único que queda es el aburrimiento, y hay que meditar sobre eso. No hay forma de huir. Es mejor adentrarse, ver hasta dónde te lleva. Y si puedes seguir adentrándote, te llevará a la iluminación.

Solo el ser humano puede sentir el aburrimiento, y solo el ser humano puede alcanzar la iluminación.


*¿Puedes decir algo sobre el problema de las drogas?*
*¿Por qué se mete la gente en el mundo de las drogas?*

No es nada nuevo; es tan antiguo como el hombre. No ha habido ninguna época en la que el hombre no haya intentado huir. El libro más antiguo del mundo es el *Rigveda*, y habla mucho de la droga. Esa droga se llama *soma*.

Desde la antigüedad todas las religiones han intentado evitar el uso de las drogas. Todos los gobiernos están en contra de las drogas, y sin embargo, han resultado más poderosas que todos los gobiernos y todas las religiones, porque nadie ha indagado en la psicología del usuario de drogas. El ser humano sufre. Vive en medio de angustias, ansiedades y frustraciones. No encuentra otra salida sino las drogas.

La única forma de evitar que la gente consumiera drogas sería hacerlas felices, dichosas.

Yo también estoy en contra de las drogas, por la sencilla razón de que te ayudan a olvidar tu sufrimiento un rato, pero no te preparan para luchar contra el sufrimiento y el dolor; por el contrario, te debilitan.

Pero las razones de las religiones y los gobiernos para oponerse a las drogas son completamente distintas a las mías. Quieren que la gente siga sufriendo, frustrada, porque quienes sufren no se rebelan; se torturan en su propio ser, se destrozan. No pueden concebir una sociedad mejor, una cultura mejor, un ser humano mejor. Con ese sufrimiento, cualquiera puede caer fácilmente en manos de los sacerdotes, porque ellos les darán consuelo, les dirán: «Bienaventurados los pobres, bienaventurados los mansos, bienaventurados los que sufren, porque ellos entrarán en el reino de los cielos».

La humanidad sufriente también está en manos de los políticos, porque la humanidad sufriente necesita esperanza, la esperanza de una sociedad sin clases en el futuro, la esperanza de una sociedad en la que no exista la pobreza, ni el hambre, ni el sufrimiento. En pocas palabras, los seres humanos pueden soportar sus sufrimientos y seguir adelante si en el horizonte se les presenta una utopía. Y hay que tener en cuenta el significado de la palabra «utopía»: lo que nunca sucede. Es como el horizonte; está tan cerca que crees que con correr un poco llegarás adonde coinciden el cielo y la tierra. Pero ya puedes correr toda tu vida que nunca llegarás a ese sitio, porque ese sitio no existe. Es una alucinación.

El político vive de promesas, y el sacerdote también vive de promesas. Nadie ha repartido los resultados en los últimos diez mil años. La razón que tienen para estar en contra de las drogas es que les destrozan el negocio. Si la gente empieza a consumir opio, hachís, LSD, no les interesará el comunismo, ni qué va a pasar mañana; les dará igual la vida después de la muerte, Dios, el paraíso. Se sentirán plenos en el momento.

Mis razones son otras. También estoy en contra de las drogas, pero no porque destruyan las raíces de las religiones y los políticos, sino porque destruyen el crecimiento interior de la persona hacia la espiritualidad. Te impiden alcanzar la tierra prometida. Vives en la alucinación, cuando eres capaz de alcanzar lo real. Te dan un juguete.

Pero como las drogas no van a desaparecer, yo querría que todos los gobiernos, que todos los laboratorios científicos purificasen esas drogas, para que fuesen un poco más sanas, sin efectos secundarios, algo que ya es posible. Podemos crear una droga como la que Aldous Huxley, en recuerdo del *Rigveda*, denominó *soma*, sin efectos secundarios, que no produce adicción, que es pura alegría, felicidad, cantar, bailar.

Si no podemos lograr que todo el mundo sea un Buda Gautama, tampoco tenemos derecho a impedir que la gente al menos vislumbre, de una forma ilusoria, el estado estético en el que debió de vivir Buda Gautama. Quizá esas pequeñas experiencias empujen a algunas personas a intentar explorar un poco más. Tarde o temprano se hartarán de las drogas, porque se repetirá lo mismo, una y otra vez. Por muy bonita que sea la escena, la repetición la hace aburrida.

De modo que, en primer lugar, hay que purificar las drogas, para que no tengan malas consecuencias. En segundo lugar, dejar que la gente las disfrute. Ya se aburrirán. Y entonces su único camino consistirá en buscar algún método de meditación para encontrar la dicha definitiva.

El problema radica sobre todo en los más jóvenes. La diferencia generacional es el fenómeno más novedoso del mundo; antes no existía. En épocas pasadas, los niños de seis o siete años empezaban a utilizar las manos, la mente, con sus padres, en sus oficios tradicionales. Cuando cumplían los catorce ya eran artesanos, trabajadores, se casaban, tenían sus responsabilidades. Al cumplir los veinte o los veinticuatro ya tenían hijos, de modo que no existía la diferencia generacional. Cada generación se superponía a la siguiente.

La diferencia generacional ha aparecido por primera vez en

la historia de la humanidad, y tiene una tremenda importancia. Por primera vez, hasta los veinticinco o veintiséis años de edad, cuando acabas la universidad, no tienes ninguna responsabilidad, ni hijos, ni preocupaciones, y tienes el mundo entero ante ti para soñar: cómo mejorarlo, cómo enriquecerlo, cómo crear una raza de genios. Esos son los años para soñar, entre los catorce y los veinticuatro, porque la sexualidad está madurando, y con la sexualidad maduran los sueños. Te reprimen la sexualidad en el colegio y en la universidad, de modo que toda la energía de la persona joven queda disponible para soñar. Se hace comunista, socialista, lo que sea. Y esa es la época en la que empieza a sentirse frustrado por el funcionamiento del mundo. La burocracia, el gobierno, los políticos, la sociedad, la religión... No le parece que pueda hacer sus sueños realidad. Sale de la universidad con un montón de ideas, y la sociedad aplastará todas y cada una de esas ideas. Al poco se olvida del nuevo ser humano y de la nueva era. Ni siquiera encuentra trabajo, no puede mantenerse. ¿Cómo pensar en esa sociedad sin clases, sin ricos ni pobres?

Y entonces recurre a las drogas. Le proporcionan un alivio momentáneo, pero pronto descubre que hay que aumentar la dosis. Y tal como son ahora las drogas, destruyen el cuerpo, destruyen el cerebro, te incapacitan al cabo de poco tiempo. No puedes vivir sin drogas, y con las drogas no tienes espacio en la vida.

Pero yo no digo que los más jóvenes sean responsables de todo esto, y castigarlos y meterlos en la cárcel es una completa estupidez. No son delincuentes; son víctimas.

Mi idea consiste en que habría que dividir la educación en dos partes: una intelectual y otra práctica. El niño no empieza a ir al colegio solo para aprender las cuatro reglas, sino también para aprender a crear algo, aprender destrezas, técnicas. Debería dedicarse la mitad del tiempo a su formación intelectual, y la otra mitad a las necesidades reales de su vida; con eso se mantendría el equilibrio. Y cuando termine la universidad, no será utópico, ni necesitará que otros le ofrezcan trabajo. Será capaz de crear cosas por sí mismo.

Y con respecto a los estudiantes que sienten alguna clase de frustración, habría que cambiar las cosas desde el principio. Si se sienten frustrados, quizá no estén estudiando lo que deberían. A lo mejor a alguno de ellos le gustaría ser carpintero y tú te empeñas en que sea médico; a lo mejor quiere ser jardinero y tú te empeñas en que sea ingeniero.

Se necesita una gran comprensión psicológica para encauzar a cada niño de forma que aprenda algo. Y debería ser obligatoria al menos una hora de meditación en todos los colegios, todos los institutos, todas las universidades, para que cuando te sientas frustrado o deprimido tengas un espacio interior al que puedas trasladarte y librarte inmediatamente de la depresión y la frustración. Entonces el joven no tendría que recurrir a las drogas. La respuesta es la meditación.

Pero en lugar de eso, quienes detentan el poder siguen haciendo estupideces, como prohibir y castigar. Saben que llevamos miles de años de prohibición y que no han servido para nada. Cuando se prohíbe el alcohol hay más alcohólicos, y se pone a la venta un tipo de alcohol peligroso. Millares de personas mueren envenenadas, ¿y quiénes son los responsables?

Condenan a los jóvenes a años de cárcel sin comprender que si una persona se ha dado a las drogas o es adicto a cierta droga lo que necesita es un tratamiento médico, no un castigo. Habría que llevarlo a un sitio donde lo cuidaran, donde pudiera aprender a meditar, e irlo separando poco a poco de las drogas para dirigirlo hacia algo mejor.

En lugar de eso les echan años de cárcel. No valoran en absoluto la vida humana. Si se condena a un joven de veinte años a diez de cárcel se desperdician sus mejores años, y sin ningún beneficio, porque resulta más fácil encontrar drogas en la cárcel que en ningún otro sitio. Los reclusos tienen gran experiencia en el uso de las drogas, y son los maestros de los recién llegados. Tras diez años en la cárcel esa persona saldrá muy bien enseñada. La cárcel solo enseña una cosa: nada de lo que hagas es malo a menos que te pillen; no te dejes pillar. Y hay maestros capaces de enseñarte cómo no dejarte pillar. De modo que todo esto es absurdo.

Yo también estoy en contra de las drogas, pero de una forma completamente distinta. Supongo que comprendes la diferencia.

*¿Cómo nos puede preocupar tanto nuestra felicidad cuando la humanidad se enfrenta a tantos problemas? El hambre, la pobreza, las condiciones de vida miserables, las escasas oportunidades de la mayoría de las personas para desarrollar su habilidad y su talento...*

En realidad, hasta que no has dejado tus propios problemas no puedes tener una perspectiva correcta para comprender los problemas del mundo. Tu propia casa está hecha un desastre, tu propio ser interior es un caos... ¿Cómo vas a tener una perspectiva para comprender problemas tan extensos? Ni siquiera te comprendes a ti mismo; empieza por ahí, porque si empiezas por otro lado no llegarás a ninguna parte.

Las personas en un estado de terrible confusión mental empiezan por ayudar a los demás, y a proponer soluciones... Esas personas han causado más problemas en el mundo de los que han resuelto. Esos son los que realmente crean las dificultades:

los políticos, los economistas, los llamados funcionarios, los misioneros. Ellos son los que crean las dificultades; aún no han resuelto su consciencia interior, y siempre están dispuestos a abalanzarse sobre cualquiera para resolver sus problemas. Así es como evitan su propia realidad; no quieren enfrentarse a ella. Prefieren meterse en otras cosas, con otras personas. Con eso tienen algo que hacer, una buena distracción.

Recuérdalo: *tú* eres el problema del mundo. El problema eres tú, y a menos que ese problema se resuelva, hagas lo que hagas solo contribuirás a complicar aún más las cosas. En primer lugar arregla tu casa, crea en ella un cosmos, porque ahora es un caos.

Hay una antigua fábula india, una historia de hace muchos años, pero de gran importancia.

Érase una vez un gran rey, tan grande como estúpido, que se quejaba de que al pisar la tierra se hacía daño en los pies y ordenó que cubrieran todo el reino con cuero para protegerlos, pero el bufón de la corte se rió de la idea; era un hombre inteligente. Dijo:

—La idea del rey es sencillamente ridícula.

El rey se enfadó mucho y le dijo al bufón:

—O me das otra alternativa o morirás.

El bufón dijo:

—Señor, corta unos trocitos de cuero y póntelos en los pies.

No hay por qué cubrir toda la tierra de cuero; solo con cubrirse los pies basta para cubrir toda la tierra. Ese es el comienzo de la sabiduría.

Desde luego que hay problemas; en eso estoy de acuerdo. Y problemas muy graves. La vida es un infierno. Ahí tenemos el sufrimiento, la pobreza, la violencia, locuras de todas clases: es

cierto; pero insisto en que el problema surge del alma del individuo. El problema existe porque existe el caos en el individuo.
El caos general no es sino una multiplicación del mismo fenómeno: todos hemos aportado nuestro propio caos al total.

El mundo no es sino una relación; estamos relacionados los
unos con los otros. Yo soy neurótico; tú eres neurótico, y la relación se vuelve muy neurótica; no solo se dobla, sino que se
multiplica. Y como todos están neuróticos, el mundo es neurótico. Hitler no apareció así como así; lo creamos nosotros. La
guerra no surge así como así; la creamos nosotros. Es nuestro
pus lo que asoma; es nuestro caos lo que causa las víctimas. El
comienzo está relacionado contigo: tú eres el problema del
mundo. De modo que no evites la realidad de tu mundo interior, porque eso es lo primero.

Tal como estás ahora, no eres capaz de ver la raíz del problema, sino solo los síntomas. En primer lugar, averigua dentro
de ti cuál es la raíz e intenta con todas tus fuerzas cambiarla.
No es la pobreza; la raíz es la avaricia, y la pobreza la consecuencia. Si te limitas a luchar contra la pobreza no pasará nada.
La raíz es la avaricia; la avaricia es lo que hay que erradicar. El
problema no es la guerra, sino la agresividad individual; la guerra es simplemente la suma de la agresión de los individuos. Por
muchas manifestaciones que hagáis, la guerra no cesará. A algunas personas les va esa marcha, y os las encontraréis en todas las manifestaciones.

A mí me encantaba cuando era niño. No me perdía ni una,
y la gente mayor de mi pueblo empezó a preocuparse. Decían:
«Pero si vas a todas las manifestaciones... Da igual que sea de
comunistas o de anticomunistas. Siempre estás allí». Yo les decía: «Es que me gusta. Me da igual la ideología política. Me gusta gritar. Me gusta andar por ahí». Puedes disfrutar o no; da lo
mismo, porque las guerras continúan. Y si te fijas en los que

protestan, te darás cuenta de lo agresivos que son; no verás la paz en sus rostros. Están dispuestos a pelear. Las manifestaciones en favor de la paz pueden convertirse en cualquier momento en disturbios. Son personas agresivas; muestran su agresividad en nombre de la paz. Están dispuestos a pelear; si detentaran el poder, si tuvieran la bomba atómica, la soltarían para crear la paz. Eso es lo que dicen todos los políticos, que luchan para que reine la paz.

El problema no es la paz, y las manifestaciones no contribuyen a nada. El problema consiste en la agresividad interior de los individuos. Las personas no se encuentran a gusto consigo mismas, y por eso tiene que existir la guerra, porque en otro caso la gente se volvería loca. Cada década una guerra descarga a la humanidad de la neurosis. Quizá os sorprenderá saber que los psicólogos descubrieron un fenómeno muy extraño en la Primera Guerra Mundial. Mientras duró la guerra, el número de personas que se volvieron locas fue casi nulo. No hubo suicidios, no se cometieron asesinatos y la gente incluso dejó de volverse loca. Muy extraño. ¿Y qué tiene eso que ver con la guerra? Quizá no se cometieran asesinatos porque los asesinos estaban en el ejército, pero ¿y los suicidas? Quizá también estuvieran en el ejército, pero ¿y los locos? ¿También dejó la gente de volverse loca? Lo mismo ocurrió en la Segunda Guerra Mundial, en mayor proporción, y entonces ya se conocía el vínculo, la asociación. La humanidad va acumulando cierta cantidad de neurosis, de locura, y cada década tiene que librarse de ella. Por eso cuando hay guerra —la guerra significa que la humanidad entera se ha vuelto loca— no hay necesidad de volverse loco individualmente. Todos están locos, y no tiene sentido intentarlo individualmente. Cuando una nación está asesinando a otra y hay tantos suicidios y asesinatos, ¿qué sentido tiene que se cometan a título individual? Puedes verlo por la televisión y disfrutarlo, leerlo en los periódicos y pasarlo bien.

El problema no es la guerra, sino la neurosis individual.

Hay que cambiar las raíces; hace falta una transformación radical, porque las reformas ordinarias no servirán de nada. Pero quizá no lo entendáis. Hablo de la meditación pero no comprendéis la relación, qué relación tiene la meditación con la guerra. Yo sí veo la relación; vosotros no la veis.

Yo lo entiendo así: si tan siquiera el uno por ciento de la humanidad meditara, desaparecerían las guerras. Y no hay otra manera. Hay que liberar esa cantidad de energía meditativa. Si el uno por ciento de la humanidad, es decir, una de cada cien personas, se pone a meditar, las cosas adquirirán un cariz completamente distinto. Disminuirá la avaricia y, naturalmente, disminuirá la pobreza. La pobreza no existe porque haya escasez; existe porque la gente acumula, porque son avariciosos. Si vivimos en el ahora, hay suficiente; la tierra tiene suficiente para darnos, pero si hacemos planes para el futuro, si acumulamos... Entonces surge el problema.

Pensad qué pasaría si las aves acumulasen: que unas cuantas serían ricas y las demás pobres; las aves de Estados Unidos serían las más ricas y el mundo entero sufriría. Pero como no acumulan, no hay pobreza. ¿Habéis visto un pájaro pobre? Los animales del bosque... No hay ninguno pobre ni ninguno rico. Ni siquiera se ven pájaros gordos y pájaros delgados. Todos los cuervos son casi iguales; no se los puede distinguir. ¿Por qué? Porque disfrutan, no acumulan.

Incluso engordar significa que estás acumulando en el cuerpo; es una actitud mezquina. Los avaros tienen estreñimiento; ni siquiera pueden desprenderse de los excrementos. Acumulan; controlan incluso la defecación, acumulan incluso la porquería. Acumular es un hábito para ellos.

Vivir en el momento, vivir en el presente, vivir con amor, en amistad... el mundo sería completamente distinto. El individuo tiene que cambiar, porque el mundo no es sino un fenómeno proyectado del alma individual.

Entonces se interesará por los problemas del mundo, pero su interés tendrá una dimensión diferente. Quizá no podáis comprenderlo. Hay personas que vienen a verme y me preguntan: «Pero ¿qué haces? Hay pobreza y hay fealdad, y tú enseñando meditación. Ya está bien. Haz algo por la pobreza». Pero no se puede hacer nada por la pobreza directamente. Hay que liberar la energía meditativa para disfrutar del momento; entonces no habrá pobreza. El comunismo no va a eliminar la pobreza; no la ha eliminado en ninguna parte. Ha creado nuevas formas de pobreza, y peores, más peligrosas. El comunista es mucho más pobre porque también ha perdido su alma. Ha dejado de ser un individuo; ni siquiera tiene libertad para rezar y meditar.

Eso no ayuda a las personas; las destruye. Esos son los buenos samaritanos; hay que evitarlos.

Y cuando una persona medita empieza a alcanzar la plenitud. Si es pintor, será un gran pintor. Si es poeta, de su alma brotará de repente una poesía extraordinaria. Si es cantante, cantará por primera vez lo que siempre había deseado.

Cuando estás en silencio, arraigado en tu ser, centrado, tu talento empieza a funcionar automáticamente. Empiezas a funcionar como siempre había querido la existencia que funcionaras. Empiezas a funcionar como deberías haberlo hecho desde el día en que naciste, como tu destino quiere que funciones. Actúas con espontaneidad. Empiezas a hacer lo tuyo, sin importarte si te compensa o no, si te hace más respetable o no. Te hace feliz, y con eso basta. Te llena de júbilo, y eso es más que suficiente.

Pero a algunas personas les gustaría dar muchos rodeos; querrían cambiar el mundo en primer lugar, y después volver a sí mismos. Pero he de deciros que nunca volveréis a vosotros mismos si os vais tan lejos.

Me han contado una cosa... Había un viejo sentado cerca de Delhi; un joven que pasaba por allí en coche se detuvo y le preguntó: «¿A qué distancia está Delhi?». El viejo contestó: «Si sigues en la misma dirección por la que vas, si sigues ese camino, está muy lejos. Tendrás que dar la vuelta a la tierra, porque te has pasado Delhi hace tres kilómetros».

Si giras, no está muy lejos; cuestión de minutos. Si inicias un viaje para cambiar el mundo entero y piensas que así vas a cambiarte a ti mismo, no lo conseguirás; no podrás volver a casa.

Empieza donde estás. Formas parte de este mundo tan feo y al cambiarte a ti mismo cambiarás el mundo. ¿Qué eres tú? Formas parte de este mundo tan feo. ¿Por qué vas a intentar cambiar a tu vecino? A lo mejor no quiere, no le interesa. Si te das cuenta de que el mundo necesita un gran cambio, tú eres el mundo más próximo a ti mismo. Empieza por ahí.

## ¿Por qué estoy siempre fantaseando sobre el futuro?

Todo el mundo lo hace. La mente humana como tal es una facultad para la fantasía. A menos que llegues más allá de la mente, seguirás fantaseando. La mente no puede existir en el presente; solo puede existir en el pasado o en el futuro. No puede existir en el presente. Estar en el presente significa estar sin mente.

Inténtalo. Si se da un momento de silencio en el que no cruza ningún pensamiento por tu ser, por tu consciencia —cuando la pantalla de la consciencia está completamente nítida—, de repente estás en el presente. Ese es el momento, el momento real, el momento de la realidad, de la verdad. Entonces no hay ni pasado ni futuro.

El tiempo se suele dividir en estos tres tiempos verbales: pasado, presente y futuro. Esta división es errónea, carece de base científica, porque el presente no forma parte del tiempo. Solo forman parte del tiempo el pasado y el futuro. El presente va más allá del tiempo; es la eternidad.

El pasado y el futuro sí forman parte del tiempo. El pasado es lo que ya no es, y el futuro lo que aún no es. Los dos son no existenciales. El presente es aquello que es. Lo existencial no puede formar parte de lo no existencial. Nunca coinciden, nunca se entrecruzan.

Y el tiempo es la mente; el pasado acumulado: en eso consiste tu mente.

¿Qué es tu mente? Analízala, indaga en ella. ¿Qué es? Simplemente la acumulación de tus experiencias pasadas. Tu mente es como un manto, como un paraguas que protege tu pasado, nada más. Si poco a poco vas sacando tu pasado de ese envoltorio, el envoltorio desaparecerá.

Si el pasado es la única realidad para la mente, ¿qué puede hacer esa mente? Una posibilidad consiste en darle vueltas y más vueltas al pasado. Eso es lo que llamamos recuerdos, nostalgia. Retrocedes sin cesar, una y otra vez, a los momentos pasados, a los momentos bonitos, felices. Son muy escasos, pero te aferras a ellos. Evitas los momentos feos, tristes.

Pero no lo puedes hacer continuamente, porque es inútil; esa actividad no parece tener sentido. Por eso la mente crea una actividad «significativa»; en eso consiste fantasear sobre el futuro.

La mente te dice: «Sí, el pasado era bueno, pero se acabó; ya no puedes hacer nada. Pero sí puedes hacer algo con el futuro porque aún no ha llegado». Por eso eliges de tus experiencias pasadas las que te gustaría repetir, y te olvidas de las tristes, las dolorosas, las que no quieres repetir en el futuro. Fantasear con el futuro no es sino modificar el pasado, un pasado más adornado, más agradable, menos doloroso, más placentero. Así funciona tu mente, y así te pierdes la realidad.

La meditación sencillamente supone unos momentos en los que no funcionas con la mente, unos momentos en los que te escapas de esa mente. Te introduces en la realidad, en lo que es. Esos momentos existenciales producen tal éxtasis que en cuanto los pruebas dejas de fantasear.

Seguirás fantaseando a menos que empieces a probar la meditación. A menos que te alimentes de la meditación, seguirás pasando hambre y anhelando la comida del futuro. Y sabes que el futuro no te va a traer ese alimento, porque hoy era el futuro hace un día. Ayer, hoy era el futuro, y estabas fantaseando sobre él. Ahora está aquí. ¿Qué ocurre? ¿Eres feliz? Ayer también era el futuro en cierto momento. El pasado era un cierto momento parte del futuro, y se ha ido, como también se irá el futuro. Te estás engañando con tanto fantasear.

Intenta ser más consciente y llevar tu consciencia a los hechos de la existencia. Mira esa flor concreta, no pienses en ella. Escucha esta palabra que estoy pronunciando ahora, no la palabra que voy a pronunciar. Fíjate en el aquí y el ahora. Si lo aplazas incluso un segundo, te lo perderás todo, y entonces se convertirá en una costumbre, en un hábito arraigado. Mañana también te lo perderás, y pasado mañana, porque tú seguirás igual. No solo eso; la costumbre de fantasear se fortalecerá.

Anoche estuve leyendo una historia japonesa preciosa. Esos cuentos existen en todo el mundo, y son muy semejantes. Es preciosa. Escuchadla.

Érase una vez un hombre que trabajaba en una cantera. Trabajaba mucho y muchas horas, pero su sueldo era muy escaso y no se conformaba.

¿Y quién se conforma con lo que tiene? Ni siquiera los emperadores, o sea que un picapedrero... Trabajaba mucho y casi por nada.

Se quejaba de la dureza de su trabajo y un día exclamó, suspirando: «¡Ojalá fuera rico y pudiera descansar en un diván con una colcha de seda!». Y bajó un ángel del cielo y le dijo: «Eres lo que has dicho».

Y estas cosas ocurren, no solo en las parábolas y los cuentos, sino en la vida real. Lo que piensas sobre ti mismo empieza a ocurrir. Creas tu mundo con tus pensamientos, creas tu mundo con tus deseos. Si insistes en algo, empieza a ocurrir. La realidad no deja de colaborar contigo. Espera al momento adecuado, al día en el que *tú* empieces a colaborar con ella. Y hasta entonces también colabora contigo.

Y el ángel dijo: «Eres lo que has dicho». Y de repente era rico, y descansó en un diván con colcha de seda.

Pasó por allí el rey con jinetes delante y detrás de su carruaje y con un parasol dorado para protegerse la cabeza. Cuando el hombre rico vio aquello, se enfadó porque él no tenía un parasol dorado y no se conformaba. Suspirando, dijo: «Ojalá fuera rey». Y el ángel volvió y le dijo: «Eres lo que has dicho».

De repente era rey y llevaba muchos jinetes delante y detrás de su carruaje y un parasol dorado para protegerse la cabeza; el sol lanzaba rayos tan ardientes que la tierra se agostaba y se marchitaba la hierba. El rey se quejó de que el sol le abrasaba la cara, de que superaba su poder, y no se conformaba. Suspirando, dijo: «Ojalá fuera el sol». Volvió el ángel y le dijo: «Eres lo que has dicho». Se convirtió en el sol y lanzó sus rayos en todas direcciones, a derecha e izquierda, por todas partes, y agostó la hierba de la tierra y abrasó el rostro de todos los reyes que habitaban la tierra.

Y de repente una nube se interpuso entre la tierra y él, y los rayos del sol rebotaban, y se puso furioso al ver que se resistía a su poder. Se quejó de que la nube lo superase, y no se conformaba con nada. Quiso ser la nube, tan poderosa como ella, y el ángel volvió y le dijo: «Eres lo que has dicho».

Se convirtió en nube, se colocó entre el sol y la tierra y recogió los rayos para que la hierba verdeara. La nube derramó grandes gotas de lluvia sobre la tierra, los ríos se desbordaron y las riadas se llevaron las casas por delante, destruyeron los sembrados con tanta agua. Cayó sobre una roca que no quería ceder, le lanzó chorros de agua, pero la roca no cedía, y se puso furioso porque la roca no cedía a su poder, porque el poder de tanta agua era vano, y no podía conformarse con eso.

Dijo: «Esa roca tiene un poder que supera al mío. Ojalá fuera una roca». Llegó el ángel y lo convirtió en roca, y no se movió ni cuando brillaba el sol ni cuando caía la lluvia.

Y entonces apareció un hombre con un martillo y una gubia para arrancar trozos de la roca, y la roca dijo: «¿Cómo es posible que el poder de este hombre supere al mío y me arranque trozos?», y no se conformaba. Dijo entre lamentos: «¡Soy más débil que él! Ojalá fuera ese hombre». El ángel bajó del cielo y le dijo: «Eres lo que has dicho». Y volvió a ser picapedrero, a arrancar piedras a base de mucho trabajo, y a trabajar mucho por poco dinero... y se conformó.

Yo no estoy de acuerdo con el final de la historia. Solo difiero en eso; por lo demás me parece muy bonita. No estoy de acuerdo con el final porque conozco a las personas, y sé que no se conforman así como así. La rueda ha dado la vuelta completa, en cierto sentido la historia ha llegado a su fin natural, pero las historias de la vida real no llegan a un fin natural. La rueda vuelve a girar.

Por eso en India llamamos «la rueda» a la vida. No para de girar, no para de repetirse. Desde mi punto de vista, a menos que el picapedrero se hubiera convertido en un Buda, su historia se habría repetido. Seguiría sin estar conforme. Volvería a desear un diván con su colcha de seda, y la historia volvería a repetirse. Pero si ese picapedrero hubiera estado de verdad conforme habría escapado de la rueda de la vida y de la muerte. Tendría que haberse convertido en un Buda.

Eso es lo que ocurre con la mente de todos: deseas algo, se cumple, pero cuando se cumple sigues quejándote. Hay algo que te produce descontento.

Hay que comprenderlo: si tu deseo no se cumple, te sientes frustrado; si se cumple, también te sientes frustrado. Esa es la tristeza del deseo. Cuando se cumple, no te sientes satisfecho. Y de repente surgen muchas cosas nuevas.

No se te había ocurrido que cuando fueras rey, escoltado por jinetes y con una sombrilla dorada para protegerte la cabeza, el sol podía ser tan fuerte como para abrasarte la cara. No lo habías pensado. Después soñaste con ser el sol, te convertiste en el sol, pero no se te había ocurrido pensar en la nube. Cuando aparece la nube, tú te quedas impotente. Y así continúa todo, como las olas del mar, interminables, a menos que lo comprendas y te desprendas de la rueda.

La mente te dice una y otra vez: «Haz esto, sé eso. Posee esto, posee lo otro... Si no tienes eso, ¿cómo vas a ser feliz? Tienes que tener un palacio, y entonces serás feliz». Si se imponen condiciones a tu felicidad, nunca serás feliz. Si no puedes ser feliz tal como eres, como el picapedrero... Ya sé que trabajar cues-

ta mucho, que se gana poco, que la vida es una lucha continua... pero si no puedes ser feliz tal como eres, a pesar de los
pesares, jamás serás feliz. A menos que una persona sea feliz
porque sí, sin razón alguna, a menos que esté lo bastante loca
como para ser feliz sin razón alguna, esa persona no será feliz
jamás. Siempre encontrarás algo que destruya tu felicidad.
Siempre te faltará algo, siempre habrá alguna ausencia. Y esa
«ausencia» volverá a ser objeto de tus fantasías.

Y no se puede llegar a un estado en el que se alcance todo.
Incluso si se pudiera, tú no serías feliz. Fíjate en el mecanismo
de la mente: si todo fuera alcanzable y lo lograses, de repente te
aburrirías. ¿Y entonces qué?

Me han contado, y creo que me puedo fiar de quien me lo ha
contado, que la gente que ha llegado al cielo está aburrida. Lo
sé de fuentes fidedignas; podéis fiaros de ellas: se pasan todo el
tiempo sentados bajo los árboles que cumplen los deseos, mortalmente aburridos. Porque en cuanto dicen algo, aparece el ángel y se cumple su deseo. Entre el deseo y su cumplimiento
no hay intervalo. Que quieres una mujer maravillosa, una Cleopatra: ahí la tienes. ¿Y qué haces con una Cleopatra? Qué tontería; te aburres.

En los *Puranas* indios aparecen muchas historias de *devas*
que se aburrían tanto en el cielo que empezaron a sentir nostalgia de la tierra. Allí lo tenían todo. Cuando estaban en la tierra,
suspiraban por estar en el cielo. Habían sido ascetas, habían re-
nunciado al mundo, a las relaciones, a todo, para alcanzar el
cielo. Y una vez en el cielo, deseaban volver al mundo.

Otra anécdota:

Cuando el piloto de un avión sobrevolaba la zona de Cats-
kills le señaló al copiloto un valle precioso: «¿Ves eso? Cuando
era pequeño, pescaba ahí, en una barca. Cada vez que pasaba un

avión miraba hacia arriba y me imaginaba que yo lo pilotaba. Ahora miro hacia abajo y me imagino que estoy pescando».

Así ocurre siempre. Cuando no eres famoso quieres ser famoso. Te duele que la gente no te reconozca. Vas por la calle y nadie te mira, nadie te reconoce. Te sientes un don nadie. Te esfuerzas por ser famoso, y un día lo consigues. De repente no puedes ir por la calle, porque la gente no para de mirarte. No tienes libertad, prefieres quedarte recluido en tu casa. No puedes salir; estás como en una cárcel. Te pones a pensar en aquellos días maravillosos en los que paseabas tranquilamente por la calle... como si estuvieras solo. Sientes nostalgia de esos días. Pregúntale a los famosos.

En sus memorias, Voltaire dice que cuando no era famoso —como todo el mundo, no siempre fue famoso—, lo deseaba y hacía todos los esfuerzos posibles, hasta convertirse en uno de los hombres más famosos de Francia. Su fama llegó a tal extremo que casi le resultaba peligroso salir de su casa, porque en aquella época de supersticiones se pensaba que si podías arrancar un trozo de tela de la ropa de un gran hombre te servía de protección, que tenía un enorme valor para protegerte. Era una protección contra los fantasmas, contra los accidentes y demás.

De modo que cuando tenía que ir a la estación a coger un tren llevaba escolta policial, porque si no la gente le arrancaba la ropa. No solo eso; le arrancaban incluso la piel, y volvía a casa lleno de cardenales, ensangrentado. Se hartó tanto de su fama, de no poder salir de su casa, de que la gente se abalanzara como lobos sobre él, que empezó a pedirle a Dios: «¡Ya está bien! Ya he conocido la fama. Ya no la quiero. Estoy poco menos que muerto». Y entonces ocurrió. Llegó el ángel y dijo: «De acuerdo». Y poco a poco se desvaneció su fama.

Las personas cambian de opinión muy fácilmente; no tienen integridad. Al igual que la moda, las cosas cambian. Un día estás en la cima de la fama y al día siguiente la gente se ha olvidado de ti. Un día eres presidente de un país y al día siguiente un simple ciudadano. No le importas a nadie.

Y así ocurrió con Voltaire, que la gente cambió de opinión, cambió el clima y la gente se olvidó de Voltaire. Cuando iba a la estación tenía la esperanza de que alguien, al menos una persona, estuviera allí para saludarlo. El único que iba a recibirlo era su perro.

Cuando murió, solo acudieron cuatro personas a darle el último adiós; más bien tres personas y su perro. Debió de morir muy triste, suspirando por la fama. ¿Qué le vamos a hacer? Así funcionan las cosas.

La mente nunca te dejará ser feliz. En cualesquiera circunstancias, la mente siempre encontrará algo para que no seas feliz. Voy a decirlo de otra manera: la mente es un mecanismo destinado a crear infelicidad. Su única función consiste en crear la infelicidad.

Si te libras de la mente, de repente eres feliz, sin razón alguna. La felicidad es entonces algo tan natural como respirar. No necesitas darte cuenta de que respiras. Simplemente respiras. Consciente, inconsciente, dormido o despierto, sigues respirando. La felicidad es exactamente así.

La felicidad es tu naturaleza más íntima. No necesita de circunstancias externas; simplemente está ahí, es tú. La dicha es tu estado natural, no un logro. Simplemente saliendo del mecanismo de la mente empezarás a sentirte dichoso.

Por eso vemos que los locos son más felices que los llamados cuerdos. ¿Qué les ocurre a los locos? También escapan de la mente —por supuesto de una forma errónea—, pero salen de ella. Un loco es quien ha caído por debajo de la mente, fuera de ella. Por eso ves a tantos locos tan felices que casi sientes envidia. Incluso fantaseas: «¿Cuándo viviré yo con esa dicha?». Se condena al loco, pero él es feliz.

¿Qué le ha ocurrido a un loco? Ya no piensa en el pasado ni piensa en el futuro. Se ha escapado del tiempo y ha empezado a vivir en la eternidad.

Lo mismo le ocurre al místico, porque se sitúa por encima de la mente. No os digo que os volváis locos, pero sí que existe una similitud entre el loco y el místico. Por eso los grandes místicos parecen un poco locos y los grandes locos parecen un poco místicos.

Observa los ojos de un loco y te darás cuenta de su misticismo, de un brillo, de un brillo espiritual, como si tuviera una puerta interior por la que se asoma al núcleo mismo de la vida. Está relajado. Puede no tener nada, pero es feliz. No tiene deseos, ni ambiciones. No va a ninguna parte. Está simplemente ahí... disfrutando, regocijándose.

Sí, los locos y los místicos tiene algo en común. Esa semejanza se debe a que ambos están fuera de la mente. El loco ha caído por debajo de ella, el místico ha llegado más allá. El místico también está loco, con un método; su locura tiene método. El loco simplemente ha caído por debajo.

No os digo que os volváis locos. Os digo que os hagáis místicos. El místico es tan feliz como el loco y tan cuerdo como el cuerdo. El místico es tan razonable, incluso más, que las llamadas personas racionales, pero tan feliz como los locos. El místico ha alcanzado la más hermosa de las síntesis. Está en armonía. Tiene todo lo que tiene un hombre razonable. Tiene ambas cosas, y es completo.

Me preguntas: «¿Por qué estoy siempre fantaseando sobre el futuro?». Fantaseas sobre el futuro porque no has probado el presente. Empieza a probar el presente. Encuentra momentos para deleitarte. Al mirar los árboles, sé la mirada. Al escuchar los pájaros, sé el oído que escucha. Deja que lleguen a lo más profundo de ti, que su canto se extienda por todo tu ser. Sentado en la playa, escucha el bramido de las olas, hazte uno con él... porque el bramido de las olas no tiene pasado, ni futuro. Si puedes sintonizarte con él, también serás un bramido. Abraza un árbol y relájate. Siente cómo se precipita en tu ser su forma verde. Túmbate en la arena, olvídate del mundo, comulga con la arena, con su frescor, siente cómo te saturas de ese frescor. Ve al río, nada, y deja que el río nade dentro de ti. Chapotea y conviértete en el chapoteo. Haz lo que crees que te hace disfrutar y disfrútalo plenamente. En esos momentos desaparecerán el pasado y el futuro y estarás aquí y ahora.

El evangelio no está en la Biblia. El evangelio está en los ríos y en el bramido del mar y en el silencio de las estrellas. La buena nueva está escrita en todos lados. El universo entero es un mensaje. Decodifícalo, aprende su lenguaje. Su lenguaje es el aquí y el ahora.

Tu lenguaje es el del pasado y el futuro. Por eso si sigues hablando el lenguaje de la mente jamás sintonizarás, jamás armonizarás con la existencia. Y si no pruebas esa armonía, ¿cómo vas a dejar de fantasear? Porque eso es tu vida.

Es como si un pobre llevase una bolsa de piedras corrientes, pensando que son diamantes, rubíes y esmeraldas, y le dijeras: «Tira eso. Eres tonto. No son más que piedras corrientes». No te creería; pensaría que quieres engañarlo. Se aferrará a la bolsa, porque es lo único que tiene.

Yo no le digo a ese hombre que renuncie a la bolsa. Intentaré mostrarle rubíes, esmeraldas y diamantes de verdad. Solo con entreverlos tirará la bolsa. Ni siquiera renunciará a ella, porque no hay nada a lo que renunciar; son piedras corrientes. No se renuncia a unas piedras corrientes.

Simplemente se dará cuenta de que ha estado viviendo bajo la influencia de una ilusión. Ahora ve diamantes de verdad. Sus piedras se desvanecen, desaparecen, y vaciará la bolsa inmediatamente, sin decírtelo, porque ahora tiene otra cosa que meter. Tirará las piedras porque necesita sitio.

Por eso no te digo que dejes de adentrarte en el futuro, ni de retroceder al pasado. Lo que te digo es que me gustaría que tuvieras más contacto con el presente.

# VIVE EN LA ALEGRÍA

Vive en la alegría, en el amor, aun entre quienes odian.
Vive en la alegría, en la salud, aun entre los afligidos.
Vive en la alegría, en la paz, incluso entre los atribulados.
Vive en la alegría, sin posesiones, como los luminosos.
El vencedor siembra odio porque el perdedor sufre.
Abandona la victoria y la derrota y encuentra la alegría.

MEDITAD sobre estos *sutras* de Buda Gautama. Era una de las personas más alegres que hayan existido jamás. Con ellos lograréis una comprensión extraordinaria del corazón de este iluminado.

*Vive en la alegría, en el amor, aun entre quienes odian.*

La alegría es la palabra clave de estos versos. La alegría no es la felicidad, porque la felicidad siempre está mezclada con la infelicidad. Nunca se encuentra pura; siempre está contaminada. Siempre hay una sombra alargada de sufrimiento tras ella. Al igual que al día le sigue la noche, a la felicidad le sigue la infelicidad.

Entonces, ¿qué es la alegría? Es un estado de trascendencia. No se es feliz ni infeliz, sino que se está en completa paz, en silencio, en perfecto equilibrio, tan silencioso y tan vivo que el silencio es una canción, y la canción el silencio.

La alegría es para siempre; la felicidad, momentánea. La felicidad procede de fuera, y por consiguiente, te la pueden quitar desde fuera; dependes de los demás. Y cualquier dependencia es fea, cualquier dependencia es una esclavitud. La alegría surge dentro; no tiene nada que ver con el exterior. No la causan los demás; no la causa nada. Es el fluir espontáneo de tu propia energía.

Si tu energía está estancada no hay alegría. Si tu energía

fluye, se mueve, se convierte en un río, la alegría es inmensa, sin otra razón, simplemente porque te has hecho más fluido, porque estás más vivo. En tu corazón nace una canción, brota un gran éxtasis.

Te sorprende cuando brota, porque no encuentras la causa. Es la experiencia más misteriosa de la vida: algo sin causa, algo más allá de la ley de la causa y el efecto. No necesita causa porque es tu naturaleza intrínseca, y naces con ella. Es algo innato, eres tú en tu totalidad, fluyendo.

Cuando fluyes, fluyes hacia el mar. Esa es la alegría: el baile del río camino del mar para encontrarse con el amado supremo. Cuando tu vida es una charca estancada te estás muriendo. No te mueves hacia ninguna parte, ni hacia el mar, ni hacia la esperanza. Pero cuando fluyes, el mar se aproxima a cada momento, y cuanto más se acerca el río más danza hay, más éxtasis.

Tu consciencia es un río. Buda la llama un continuo. Es una continuidad, una continuidad eterna, un flujo eterno. Buda no te considera, ni a ti ni a tu ser, algo estático. Desde su punto de vista, la palabra «ser» no es adecuada. Según él, ser no es sino llegar a ser. Niega el ser y acepta el llegar a ser, porque ser da una idea estática, como una roca, de algo que hay en tu interior. Llegar a ser da una idea completamente distinta... como un río, como un loto abriéndose, como un amanecer. Algo ocurre constantemente. No estás sentado ahí como una roca; estás creciendo.

Buda cambia la metafísica: sustituye el ser por el llegar a ser, sustituye los nombres por verbos.

*Vive en la alegría...* Vive en tu naturaleza más íntima, con absoluta aceptación de lo que eres. No intentes manipularte según las ideas de otros. Sé tú mismo, tu verdadera naturaleza, y brotará la alegría, manará en tu interior. Cuando se cuida un árbol, se riega, un día florece de forma natural. Cuando llega la primavera todo florece. Lo mismo ocurre con el hombre. Cuídate. Busca la tierra adecuada para tu ser, el clima adecuado, y profundiza en ti mismo.

No explores el mundo; explora tu naturaleza. Porque si exploras el mundo puedes poseer muchas cosas, pero no serás el dueño, mientras que si te exploras a ti mismo quizá no poseas muchas cosas, pero serás el dueño. Más vale ser dueño de sí mismo que del mundo entero.

*Vive en la alegría, en el amor...* Y quien vive en la alegría naturalmente vive en el amor. El amor es la fragancia de la flor de la alegría. Dentro hay alegría; no puedes contenerla. Hay tanta que resulta insoportable. Si intentas ser mezquino con ella, sentirás dolor. La alegría puede ser tanta que si no la compartes puede convertirse en sufrimiento, en dolor.

La alegría hay que compartirla. Al compartirla te descargas, al compartirla brotan nuevas fuentes en tu interior, nuevos ríos, nuevos manantiales. Compartir esa alegría es el amor. Por tanto, hay que recordar una cosa: que no se puede amar a menos que se haya alcanzado la alegría. Y es lo que hacen millones de personas. Quieren amar, pero no saben nada de la alegría. Entonces su amor está hueco, vacío, no tiene sentido. Su amor les trae desesperación, sufrimiento, angustia; crea el infierno. A menos que tengas alegría no puedes amar. No tienes nada que dar, porque eres un mendigo. En primer lugar tienes que ser un rey, y la alegría te hará rey.

Cuando irradias alegría, cuando tus secretos ocultos dejan de ser secretos y florecen al viento, en medio de la lluvia, al sol, cuando se libera tu esplendor aprisionado, cuando tu misterio se convierte en un fenómeno abierto, cuando vibra y palpita a tu alrededor —cuando está en tu aliento, en los latidos de tu corazón—, entonces puedes amar. Entonces si tocas polvo, ese polvo se transforma en lo divino, y cualquier cosa que toques se transforma en oro. Los guijarros corrientes en tus manos se convertirán en diamantes, en esmeraldas. Los guijarros corrientes... y las personas a las que toques dejarán de ser corrientes.

Quien ha alcanzado la alegría se convierte en fuente de grandes transformaciones para muchas personas. Se ha encendido su llama, y puede ayudar a otros. También se pueden encender las llamas al aproximarse a quien arde de alegría. Al acercarse, la llama se lanza sobre ti y ya no vuelves a ser el mismo.

El amor solo es posible cuando tu llama está encendida. En otro caso eres un continente oscuro; ¿cómo vas a dar luz a otros? El amor es luz, el odio oscuridad. ¿Estás en la oscuridad por dentro e intentas dar luz a otros? Únicamente lograrás darles más oscuridad, y ellos ya están a oscuras. Multiplicarás su oscuridad, los harás más infelices. No lo intentes, porque es imposible, no concuerda con la naturaleza de las cosas. No puede ocurrir. Puedes tener esperanza, pero todas tus esperanzas son vanas. Llénate de alegría en primer lugar.

*Vive en la alegría, en el amor, aun entre quienes odian.* Y no se trata de lo que te hagan los demás. Entonces puedes amar incluso a quienes te odian. Entonces se puede vivir en el amor y la alegría incluso entre los enemigos. No se trata de amar solo a quienes te aman. Eso es vulgar, como un negocio, como un trato. El verdadero amor consiste en amar a quienes te odian. Ahora mismo ni siquiera puedes amar a quienes te aman, porque no conoces la alegría. Pero cuando conozcas la alegría, se producirá el milagro, la magia. Entonces serás capaz de amar a quienes te odian. En realidad, ya no se tratará de amar o no amar a alguien, porque tú te conviertes en amor; no te queda nada más.

Según creo, en el Corán se dice lo siguiente: «Odia al diablo». Rabiya, una gran mística sufí, tachó esas palabras de su Corán. Hasán, otro célebre místico, estaba en casa de Rabiya y la vio hacerlo. Le preguntó:

—¿Qué haces? No se puede corregir el Corán. Es una blasfemia. No puedes eliminar ninguna frase del Corán; es perfecto. No existe ninguna posibilidad de mejorarlo. ¿Por qué lo haces?

Rabiya le dijo:

—Hasán, tengo que hacerlo. No se trata del Corán, sino de algo completamente distinto. Desde que conozco a Dios no puedo odiar. No se trata del diablo, sino simplemente de que no puedo odiar. Incluso si el diablo se me pone delante lo amaré, porque ahora solo sé amar; soy incapaz de odiar. Eso ha desaparecido. Si alguien está lleno de luz solo puede darte luz, y no importa que seas amigo o enemigo.

»¿De dónde puedo sacar oscuridad para arrojársela al diablo? Ya no existe; yo soy luz. Mi luz caerá sobre el diablo, igual que sobre Dios. Para mí ya no hay Dios ni diablo, ni siquiera puedo distinguirlos. Todo mi ser se ha transformado en amor. No ha quedado nada.

»No estoy corrigiendo el Corán... ¿Quién soy yo para corregirlo? Pero esta frase ya no tiene sentido para mí. Y este ejemplar es mío; no estoy corrigiendo el Corán de otro. Tengo derecho a adaptar mi ejemplar. Esta frase me hace daño cada vez que la leo. No le encuentro sentido, y por eso la tacho.

Quien está lleno de alegría y amor no puede evitarlo. Ama a los amigos, a los enemigos. No se trata de una decisión; amar es como respirar. ¿Dejarías de respirar si fuera a verte un enemigo? Dirías: «¿Cómo puedo respirar ante mi enemigo?». Dirías: «¿Cómo voy a respirar si mi enemigo también está respirando y el aire que ha pasado por sus pulmones puede entrar en los míos? No puedo respirar». Te asfixiarías y morirías. Sería un suicidio, y completamente absurdo.

Llega un momento en el que amar es como respirar, la respiración de tu alma, y sigues amando.

A esta luz se comprenden las palabras de Jesucristo: «Ama a tus enemigos como a ti mismo». Si le preguntamos a Buda, responderá: «No hace falta hacer semejante cosa, porque no puedes hacer otra». Tienes que amar. En realidad, eres amor, de modo que estés donde estés, en las flores, en las espinas, en la noche oscura, a plena luz del día, en el sufrimiento rodeándote como un mar o en medio del éxito... da igual. Sigues siendo amor; todo lo demás carece de importancia. Tu amor se convierte en parte de lo eterno, continúa. Puedes aceptarlo o no, pero no puedes odiar; tienes que ser tu verdadera naturaleza.

*Vive en la alegría, en la salud, aun entre los afligidos.*

Por «salud» Buda entiende totalidad. Una persona curada es una persona sana, una persona total. Con «salud» Buda no se refiere a la definición médica corriente del término; no es un término de la medicina, sino de la meditación, aunque quizá os sorprenda que las palabras «meditación» y «medicina» procedan de la misma raíz. La medicina cura físicamente; la meditación, espiritualmente. Ambas son procesos curativos, ambas proporcionan salud.

Pero Buda no se refiere a la salud del cuerpo; se refiere a la salud del alma. Sé sano, sé total. No te fragmentes, no te dividas. Sé un individuo, literalmente: indivisible, de una sola pieza.

Las personas no son de una sola pieza; son muchos fragmentos que logran mantenerse unidos. Pueden separarse en cualquier momento. Son una maraña, un montón de cosas. Ante cualquier situación nueva, ante cualquier peligro nuevo, ante cualquier inseguridad, se vienen abajo. Muere tu esposa, te arruinas o te quedas sin trabajo... cualquier cosa puede ser la gota que colme el vaso. Se trata de una diferencia de grados. Una cosa hierve a noventa y ocho grados de temperatura, otra a noventa y nueve, otra a noventa y nueve y medio, pero la diferencia son los grados y cualquier pequeñez puede cambiar el equilibrio. Puedes volverte loco en cualquier momento, porque en tu interior hay toda una multitud. Si te fijas, no encontrarás a una sola persona en tu interior, sino muchas caras que cambian a cada momento. Parece como si estuvieras en un mercado por el que va y viene mucha gente, con mucho ruido, y todo sin sentido. Vas acumulando.

La infancia es lo más próximo a la «budancia». A medida que envejeces enloqueces. A medida que envejeces te alejas más y más de la «budancia». Es un estado muy extraño, que no debería ocurrir. Deberíamos acercarnos a la «budancia», pero la mayoría se aleja.

Buda dice: «Vive en la alegría, en la salud, aun entre los afligidos».

Es muy importante recordar este *sutra*, y más aún si tenemos en cuenta que los cristianos tienen un enfoque completamente erróneo de la vida. Dicen: «Con tanto sufrimiento en el mundo, ¿cómo puedes estar alegre?». A veces vienen a verme y me dicen: «La gente se muere de hambre, es pobre. ¿Cómo puedes enseñar a bailar, a cantar y a estar alegre? Hay tantas personas afectadas por múltiples enfermedades... ¿y tú enseñas la meditación? ¡Qué egoísmo!».

Pero eso es exactamente lo que dice Buda.

*Vive en la alegría, en la paz, aun entre los atribulados.*

No puedes cambiar el mundo entero. Tienes una vida limitada; se acabará pronto. No puedes poner como condición no llenarte de alegría hasta que el mundo haya cambiado y todos sean felices. Eso no ocurrirá jamás, y además no está en tus manos. Si la única forma de que seas feliz es que los demás también lo sean, tú nunca serás feliz. Buda constata un hecho sencillo. No dice que no ayudes a la gente, sino que por estar enfermo no podrás ayudarla.

Si eres pobre no puedes ayudar a los pobres, aunque ellos te adoren al ver lo santo que eres. Adoraban al mahatma Gandhi por la sencilla razón de que intentaba vivir en la pobreza. Pero por vivir en la pobreza no vas a ayudar a los pobres. Si un médico también se pone enfermo para atender a sus pacientes, ¿dirás que es un santo? Dirás que es imbécil, porque precisamente entonces necesita la salud para ayudar a la gente. Es una lógica rara, pero se ha impuesto en el transcurso de los siglos: si quieres ayudar a los pobres, sé pobre, lleva una vida de pobreza, vive como los pobres. Naturalmente, los pobres te respetarán y te honrarán, pero eso no les ayudará; solo satisfará su ego. Y cualquier ego satisfecho crea sufrimiento, no alegría.

*Vive en la alegría, en la salud, aun entre los afligidos. Vive en la alegría, en la paz, aun entre los atribulados.* Esa es la única manera de ayudar, la única manera de servir. Primero tienes que ser egoísta, transformarte. Tu vida en la paz, en la alegría, en la salud, puede ser una gran fuente de alimento para quienes padecen hambre espiritual.

En realidad la gente no está privada de cosas materiales. La riqueza material es muy sencilla: un poco más de tecnología, un poco más de ciencia, y con eso la gente puede hacerse rica. El verdadero problema consiste en hacerse rico internamente. Y cuando seas rico externamente te sorprenderá comprobar que tienes una conciencia más aguda, más clara, de tu pobreza interior. Por primera vez desaparecerá todo significado de la vida cuando seas rico exteriormente, porque, por contraste, verás con más claridad la pobreza interior. Fuera todo es luz y dentro eres una isla oscura.

El rico nota su pobreza más que el pobre, porque el pobre no tiene con qué contrastarla. Fuera hay oscuridad, dentro hay oscuridad; sabe que la vida es oscuridad. Pero cuando fuera hay luz empiezas a desear un nuevo fenómeno, a anhelar la luz interior. Cuando ves que hay riqueza fuera, ¿por qué no puedes ser rico dentro?

*Vive en la alegría, sin posesiones, como los luminosos.* Disfruta del mundo, del sol, las estrellas, las flores, el cielo, la tierra. Vive en la alegría y la paz, sin sentido de la posesión. No poseas. Usa, pero no poseas, porque el poseedor no puede usar. El poseedor en realidad es poseído por sus posesiones. Por eso hay tantos ricos que sufren, que llevan una vida miserable. Tienen todo el dinero del mundo, pero viven como pobres.

Hace unas décadas, el hombre más rico del mundo era el *nizam* de Haidebarad; era el más rico del mundo. Sus riquezas eran tan enormes que nadie ha sido capaz de calcular su cuantía. Sus arcas estaban llenas de diamantes, todo era de diamante. Incluso su pisapapeles era el diamante más grande del mundo; el Kohinoor tiene un tamaño tres veces menor que su pisapapeles.

Cuando murió, encontraron el pisapapeles en su zapato. No contaban los diamantes, porque había demasiados; los pesaban, pero no los contaban; sabían cuántos kilos había, pero no cuántos diamantes. ¿Quién podía contarlos? Todos los años subían los diamantes de los sótanos. El *nizam* tenía el palacio más grande de India, pero las terrazas no eran suficientes, porque extendían allí los diamantes para que les diera un poco el sol todos los años. Sin embargo, llevaba una vida miserable, como no se puede imaginar; incluso los mendigos viven mucho mejor.

Recogía los cigarrillos que se habían fumado otros, las colillas que habían tirado otros. Él no se compraba cigarrillos; recogía colillas y se las fumaba. ¡Qué tacaño! Durante cincuenta años usó la misma gorra, que estaba mugrienta y apestosa. Murió con esa gorra. Nunca se cambiaba de ropa, y se contaba que la poca ropa que tenía la compraba en un mercadillo de segunda mano donde vendían cosas viejas, usadas, podridas. No debía de haber zapatos más sucios que los suyos en el mundo entero, pero solo se los remendaban de vez en cuando y nunca se compraba unos nuevos.

El hombre más rico del mundo viviendo en medio de tanta miseria... ¿Qué le había pasado? ¡La posesión! La posesión era su enfermedad, su locura. Quería poseerlo todo. Compraba diamantes por todo el mundo; allí donde hubiera diamantes, su agente los adquiría, solo para tener cada día más. Pero los diamantes no se comen, y él comía la peor comida. Tenía tanto miedo que no podía dormir, por el temor constante a que se los robaran.

Por eso encontraron el pisapapeles, el diamante más caro que tenía, de un peso tres veces superior al de Kohinoor, en su zapato. Cuando agonizaba lo escondió allí para que nadie se lo robara; si no, el pisapapeles habría resultado demasiado visible. Incluso moribundo le preocupaba más el diamante que su propia vida. No era capaz de darle nada a nadie.

Esto es lo que les ocurre a las personas posesivas: no usan las cosas; son usadas por las cosas. No son los amos, sino los criados de sus cosas. Acumulan sin cesar y mueren sin haber disfrutado de lo que tenían.

*Vive en la alegría, sin posesiones, como los luminosos.* Vive como los Budas, que no poseen nada pero pueden usarlo todo. Hay que usar el mundo, no poseerlo. Como llegamos con las manos vacías y nos vamos con las manos vacías, no tiene sentido poseer nada. Ser posesivo es algo feo, pero se puede usar todo. Mientras estés vivo, usa el mundo; disfruta de todo lo que te ofrece el mundo y después vete sin mirar atrás, sin aferrarte a nada.

La persona inteligente usa la vida y la usa de una forma hermosa, estética, sensible. Así, el mundo le ofrece muchos tesoros. Jamás se ata a nada, porque en el momento en que te atas a algo te quedas dormido.

*El vencedor siembra el odio porque el perdedor sufre. Abandona la victoria y la derrota y encuentra la alegría.* ¿Cómo encontrar la alegría? Tienes que dejar que desaparezca la ambición; la ambición es la barrera. La ambición significa el viaje del ego: «Quiero ser esto, quiero ser lo otro... más dinero, más poder, más prestigio». Pero recuerda: «El vencedor siembra el odio porque el perdedor sufre. Abandona la victoria y la derrota y encuentra la alegría». Si quieres encontrar la alegría, olvídate de victorias y derrotas. La vida es un juego, un deporte. Juega bien, olvídate de ganar y perder.

El verdadero espíritu deportivo no tiene nada que ver con ganar o perder; eso no es lo que importa. El auténtico deportista, el auténtico jugador, disfruta participando. Si juegas para ganar, estarás tenso, angustiado. No te importa el juego en sí mismo, su alegría y su misterio, sino el resultado. Esa no es forma de vivir en el mundo.

Vive en el mundo sin pensar en lo que va a ocurrir. Da igual que vayas a ganar o a perder. La muerte se lo lleva todo. Que ganes o que pierdas carece de importancia. Lo único que importa, y siempre ha sido así, es cómo has jugado el juego. ¿Lo disfrutaste, el juego en sí mismo? Entonces todo momento es un momento de alegría.

# Acerca del autor

ᘰ

RESULTA DIFÍCIL clasificar las enseñanzas de Osho, que abarcan desde la búsqueda individual hasta los asuntos sociales y políticos más urgentes de la sociedad actual. Sus libros no han sido escritos, sino transcritos a partir de las charlas improvisadas que ha dado en público en el transcurso de treinta y cinco años. El londinense *The Sunday Times* ha descrito a Osho como uno de los «mil creadores del siglo XX», y el escritor estadounidense Tom Robbins como «el hombre más peligroso desde Jesucristo».

Acerca de su trabajo, Osho ha dicho que está ayudando a crear las condiciones para el nacimiento de un nuevo tipo de ser humano. A menudo ha caracterizado a este ser humano como Zorba el Buda: capaz de disfrutar de los placeres terrenales, como Zorba el griego, y de la silenciosa serenidad de Gautama Buda. En todos los aspectos de la obra de Osho, como un hilo conductor, aparece una visión que conjuga la intemporal sabiduría oriental y el potencial, la tecnología y la ciencia occidentales.

Osho también es conocido por su revolucionaria contribución a la ciencia de la transformación interna, con un enfoque de la meditación que reconoce el ritmo acelerado de la vida contemporánea. Sus singulares «meditaciones activas» están destinadas a liberar el estrés acumulado en el cuerpo y la mente, y facilitar así el estado de la meditación, relajado y libre de pensamientos.

# Resort de Meditación de Osho® Internacional

### ☙

EL RESORT DE MEDITACIÓN fue creado por Osho con el fin de que las personas puedan tener una experiencia directa y personal con una nueva forma de vivir, con una actitud más atenta, relajada y divertida. Situado a unos ciento sesenta kilómetros al sudeste de Bombay, en Puna, India, el centro ofrece diversos programas a los miles de personas que acuden a él todos los años procedentes de más de cien países.

Desarrollada en principio como lugar de retiro para los marajás y la adinerada colonia británica, Puna es en la actualidad una ciudad moderna y próspera que alberga numerosas universidades e industrias de alta tecnología. El Resort de Meditación se extiende sobre una superficie de más de dieciséis hectáreas, en una zona poblada de árboles, conocida como Koregaon Park. Ofrece alojamiento de lujo para un número limitado de huéspedes, y en las cercanías existen numerosos hoteles y apartamentos privados para estancias de desde varios días hasta varios meses.

Todos los programas del centro se basan en la visión de Osho de un ser humano cualitativamente nuevo, capaz de participar con creatividad en la vida cotidiana y de relajarse con el silencio y la meditación. La mayoría de los programas se desarrollan en instalaciones modernas, con aire acondicionado, y entre ellos se cuentan sesiones individuales, cursos y talleres, que abarcan desde las artes creativas hasta los tratamientos holísticos, pasando por la transformación y terapia personales, las ciencias esotéricas, el enfoque zen de los deportes y otras actividades recreativas, problemas de relación y transiciones vitales importantes para hombres y mujeres. Durante todo el año se ofrecen sesiones individuales y talleres de grupo, junto con un programa diario de meditaciones.

Los cafés y restaurantes al aire libre del Resort de Meditación sirven cocina tradicional india y platos internacionales, todos ellos confeccionados con vegetales ecológicos cultivados en la granja de la comuna. El complejo tiene su propio suministro de agua filtrada.

## PARA MÁS INFORMACIÓN

Para obtener más información sobre cómo visitar este centro de la India, o conocer más sobre Osho y su obra, se puede consultar *www.osho.com*, amplio sitio web en varias lenguas, que incluye un recorrido por el Resort de Meditación y un calendario de los cursos que ofrece, un catálogo de libros y grabaciones en audio y vídeo, unas lista de los centros de información sobre Osho de todo el mundo y una selección de sus charlas. También puede dirigirse a Osho International, Nueva York, *oshointernational@oshointernational.com*